O HOMEM QUE VIVEU DEMAIS

GILVANIZE BALBINO
pelo espírito Pedro

© 2017 por Gilvanize Balbino
© iStock.com/Juanmonino

Coordenadora editorial: Tânia Lins
Coordenador de comunicação: Marcio Lipari
Capa e projeto gráfico: Jaqueline Kir
Preparação e revisão: Equipe Vida & Consciência

1ª edição — 1ª impressão
5.000 exemplares — novembro 2017
Tiragem total: 5.000 exemplares

CIP-BRASIL — CATALOGAÇÃO NA PUBLICAÇÃO
(SINDICATO NACIONAL DOS EDITORES DE LIVROS, RJ)

P413h
    Pedro (Espírito)
        O homem que viveu demais / ditado pelo espírito Pedro; [psicografado por] Gilvanize Balbino . - 1. ed., reimpr. - São Paulo : Redentor, 2017.
        208 p. ; 21 cm.

    ISBN 978-85-93777-01-1

        1. Espiritualidade. 2. Vida cristã. I. Título.

17-43759   CDD: 133.9
                                                                               CDU: 133.9

Todos os direitos reservados. Nenhuma parte desta edição pode ser utilizada ou reproduzida, por qualquer forma ou meio, seja ele mecânico ou eletrônico, fotocópia, gravação etc., tampouco apropriada ou estocada em sistema de banco de dados, sem a expressa autorização da editora (Lei nº 5.988, de 14/12/1973).

Este livro adota as regras do novo acordo ortográfico (2009).

Vida & Consciência Editora e Distribuidora Ltda.
Rua Agostinho Gomes, 2.312 — São Paulo — SP — Brasil
CEP 04206-001
editora@vidaeconsciencia.com.br
www.vidaeconsciencia.com.br

O HOMEM QUE VIVEU DEMAIS

GILVANIZE BALBINO
pelo espírito Pedro

"Há diversidade de dons, mas o Espírito é o mesmo; diversidade de ministérios, mas o Senhor é o mesmo; diversos modos de ação, mas é o mesmo Deus que realiza tudo em todos."

Paulo. I Coríntios, 12:4 a 6[1]

"Palavra é igual à brisa. Tem dois objetivos: um é trazer o perfume das flores e o outro de refrescar. Às vezes, quando falamos demais, as palavras viram tempestade e deixam de ser apenas uma brisa."

Pedro

---

[1] Nota da médium: Os textos bíblicos foram extraídos da *A Bíblia de Jerusalém*, nova edição revista e ampliada. Paulus, São Paulo, 2002. As abreviações utilizadas nas citações seguem às propostas na mesma obra.

SUMÁRIO

Quem é Pedro? 8
Breve relato 11
Apresentação 13
Da semente ao jatobá 16
1. A lenda da flor da vida 18
2. A história do canarinho 21
3. Aprendendo a viver 23
4. A vida é simples 25
5. Encontros no céu 27
6. Sombras e luz 30
7. A lenda da coragem 32
8. Equilíbrio 35
9. Quando esperar é a solução 37
10. Não tenha medo 40
11. Buscas e incertezas 43
12. Na hora certa 46

13. A lenda das lágrimas 49
14. O valor da fé 52
15. Acreditar, o início de sua descoberta 57
16. Recomeço, esperança e fé 59
17. A lenda das borboletas 63
18. Pensando em Deus 65
19. Orgulho e humildade 68
20. Lembranças do passado 72
21. Desistir 76
22. Escolhas e partidas 80
23. Preocupações da vida 86
24. Aprendendo a sentir 90
25. Sonhar 95
26. O verdadeiro valor: a vida 98
27. O perdão e a correção 104
28. Esperança 109
29. Saber esperar 113
30. O desapego 117
31. A jabuticaba do velho Pedro – aprendendo a escolher 121
32. Enfrentando os desafios 126
33. Hora da partida 132
34. O tamanho das coisas 135

35. Ensinar	138
36. Perseverança	140
37. A lenda do trabalho	143
38. Ouvir	147
39. Aguardar o tempo	150
40. Preconceito	153
41. Coragem	158
42. As estrelas do céu	160
43. A verdadeira riqueza	162
44. A direção do vento	164
45. As vaquinhas	166
46. Fruto da esperança	170
47. Chacoalhada na vida	172
48. Só olhar	174
49. Anjo de Deus	176
50. Seja bem-vindo, Pedro	181
Encarte	187
Referências bibliográficas	203

Quem é Pedro?

Pedro é nativo do coração da África, filho único de um rei de uma tribo, vivia com seus pais em harmonia. Um padre espanhol estabeleceu-se entre esses corações com o objetivo missionário de levar o Evangelho de Jesus Cristo àquelas paragens.

Foi com esse padre que Pedro e seus pais conheceram o cristianismo e em meio às suas crenças tão particulares e ritualísticas, se converteram aos conceitos cristãos.

Em razão de uma guerra regional, a tribo de Pedro foi invadida por um grupo inimigo de seu pai. Sem misericórdia, após triste cenário sanguinário, o padre e seus pais foram mortos, e ele, sem nenhuma piedade, foi vendido como escravo aos portugueses mercantes que negociavam com o Brasil a mão de obra escrava.

Após uma difícil viagem, desembargou no Brasil, onde foi comprado por um fazendeiro e viveu em uma fazenda até o final de seus dias.

Ao chegar, foi acolhido por uma velha escrava conhecida por vó Lina, que o criou, juntamente com um escravo chamado Simeão e uma escrava chamada Morena. Bem mais tarde, uniu-se a eles uma mulher branca chamada carinhosamente de Mãezinha.

Juntos a esses corações, viveram o sacrifício de serem estrangeiros em uma terra inóspita e, por vezes, cruel, onde venceram os martírios do tronco, da fome, da impiedade de muitos, da mentira, mas mantiveram-se fiéis a uma amizade e ao amor a Deus sobre todas as coisas.

Incontáveis vidas foram salvas pelas mãos bondosas de Pedro, e suas palavras limitadas na fina letra se transformaram em um hino de coragem àqueles que haviam perdido a esperança e até mesmo a própria fé.

Puxadas, como assim falava Pedro, eram na verdade grande exemplo de acolhimento aos filhos de Deus abandonados nas estradas por onde passavam, eram crianças filhas de brancos e negros, rejeitados de toda sorte.

Eram nesses humildes casebres que Pedro ensinava o valor do amor, da divisão, e, sobretudo, da paciência por meio da demonstração de suas atitudes de renúncia e amor a Deus.

Sem criticar ninguém e sem mentiras, ao seu lado viveram homens e mulheres comuns, e seu amor incondicional os amparava, por meio de seu conhecimento de uma medicina baseada nas ervas e de sua grande habilidade em trazer à luz os filhos de Deus.

Conhecido por muitos, sem conhecer quase ninguém, esse anjo do Senhor marcou positivamente a Terra, registrando esperanças nas estradas que caminhou, carinho nos afagos que ofereceu aos sofredores do mundo, sem pedir absolutamente nada em troca e respeitando a terra, porque mesmo tendo oportunidade de ser proprietário de muitos alqueires, preferia carregar em seu bolso um punhado dela somente para ter o singelo prazer de sentir seu cheiro.

Caros amigos, as lágrimas nessas lembranças não me são ausentes, portanto, encerro essas memórias saudando esse grande amigo, porque ao seu lado é impossível não absorver os seus ensinamentos.

Bernard

Breve relato

Leitor amigo, grafar este prefácio ao lado de muitos companheiros que dividem comigo a emoção de abrir esta especial obra, é um presente que não posso prescindir.

Muitos foram os corações que compartilhamos nossas experiências, mas Pedro é, para nós, o exemplo vivo de coragem e resignação diante das impiedades que a vida lhe ofereceu, demonstrando:

em cada sacrifício, uma lição de amor;
em cada lágrima, o exemplo vivo do perdão;
em cada dor, o silêncio como alívio;
em cada sofrimento, o servir sem olhar a quem;
em cada obstáculo, a confirmação da fé;
em cada silêncio, a certeza de que a prece era sua companhia.

Ao lado de Pedro, aprendemos o valor de uma fé racional e do esforço para levar uma mensagem de coragem aos filhos de Deus, que enfrentam suas vidas, buscando libertarem-se de seus medos, sofrimentos ou angústias.

Nestas valiosas páginas, você encontrará os ensinamentos vivenciados por um homem simples e que viveu demais, mas grandioso em sua sabedoria.

Encerro esta página saudando esse eterno amigo: Ave, Pedro, porque você é um homem que viveu iluminando o caminho, servindo ao Senhor e confirmando que o amor sempre vale a pena para aqueles que viveram para Jesus, deixando vivos os ensinamentos de um homem que viveu demais.

Ferdinando

Apresentação

Amados amigos, abro estas páginas com o coração feliz e sem omitir as lágrimas emocionadas por realizar este sonho: trazer os ensinamentos do grande benfeitor e anjo de Deus, materializados neste livro.

Pedro se apresentou a mim ainda na infância. Inesquecível sua aparição quando disse que teríamos um trabalho a seguir e que ele não se ausentaria do meu lado, indicando o caminho sempre rumo a Jesus, mas respeitaria sempre o meu livre-arbítrio.

Ao lado do mentor Ferdinando, Pedro compõe o magistrado celestial e sempre diz que enquanto alguém chorar na Terra, ele aqui estará para recolher as dores e transformá-las em flores, as quais são distribuídas de mão em mão às pessoas que comparecem em nossas reuniões do Evangelho.

E assim, Pedro está até os dias de hoje, distribuindo em cada reunião de estudo do Evangelho um amor indescritível pelo próximo, abrandando dores, acalmando as mães e pais que choram as difíceis perdas de seus amores, direcionando a juventude para a luz e, sobretudo, ensinando a doce essência do perdão.

Ele sempre demonstra um amor sem preconceito, libertação sem apego e ensina que a comunicação em parábolas ainda é tão atual quanto no tempo do Mestre Jesus.

Sem expor, julgar ou ofender ninguém, Pedro irradia luz como o sol em cada manhã, assim como brilha em cada noite como uma estrela viva a abençoar nossos corações.

Por várias oportunidades e por méritos, Pedro já foi convidado a ascender a um plano maior junto à falange bendita de Nossa Senhora, entretanto, como um referencial de humildade, respondeu que não poderia abandonar a Terra sofrida enquanto uma lágrima marcasse a face de um filho de Deus, pois aqui ele seria mais útil. Portanto, ele solicitou permanecer e atuar com as equipes de Jade, sob a liderança do mentor Henrique, e trabalhando fielmente no Núcleo Espírita Lar de Henrique.

Tenho certeza de que o céu e a Terra estão em festa, foram mais de dez anos para alcançar essa vitória.

Quando comentei que reuniria os ensinamentos de Pedro em um livro, meus queridos trabalhadores e amigos vibraram felizes e muito se dedicaram para que isso acontecesse.

São inúmeras as pessoas que poderia citar aqui, mas as páginas seriam poucas, entretanto, não posso omitir o incessante trabalho de meus queridos Sergio Manzini e Marcelo José, que se dedicaram para que chegássemos até aqui, assim como meu reconhecimento à equipe da Editora Vida e Consciência, que acreditou com carinho e respeito no conjunto desta obra. A vocês, minha gratidão.

A Pedro, mentor de luz de minha alma, só posso expressar de joelhos o quanto é importante seus ensinamentos e espero um dia estar à altura de entender e praticar tudo que você ensina, que eu resumiria em uma só palavra: amor.

Com carinho,

Gilvanize Balbino

Da semente ao jatobá[2]

Senhor Jesus, Mestre dos filhos de Deus ainda em aprendizado no solo dos ensinamentos fraternos, seja para nós a fonte serena quando:

a noite trouxer suas tormentas e pesadelos;
as aflições das estradas quiserem nos afastar do caminho da libertação de nossas mentes apegadas ao chão;
a sombra da dor atravessar os nossos corações;
o abandono vencer os nossos sonhos.
esquecermos de que somos herdeiros do reino de paz e justiça construídos por Deus;
as lágrimas não permitirem vermos as alegrias dos pássaros que convidam os trigais para dançar ao vento;
querermos além do necessário.

---

[2] Nota da médium: texto extraído do livro *Lembranças do Outono*, ditado por espíritos diversos em 1º de dezembro de 2000.

Eleva-nos o pensamento, pois a semente de hoje ainda não possui o conhecimento de um enorme jatobá, mas, com paciência, trabalho, perseverança e com o auxílio da natureza poderá, um dia, vencer a escuridão da terra e se apresentar frondosa diante do mundo, como criação rediviva de luz e misericórdia de Deus.

Pedro

1
A lenda da flor da vida

"Temos que olhar para vida, enquanto temos tudo, a vida."

Pedro

Certa feita, no céu, nosso Senhor Jesus vendo que o mundo chorava de fome, chamou todos seus anjos e disse:

— A cada um de vocês darei uma tarefa. Vocês voltarão à Terra e darão para os filhos de Deus o que comer, assim eles vão parar de chorar e não ouvirei mais soluços de sofrimento, mas sorrisos de alegria.

Como definido, todos os anjos foram para a Terra. Um foi plantar café; o outro milho; outro, jabuticaba e outro, laranja...

Voltaram para o céu felizes e não se ouvia mais soluços de fome.

Tempo depois, Jesus novamente chamou a todos para ouvirem os choros que continuavam na Terra.

Os anjos inconformados diziam juntos:

— Senhor, por que choram?

Cada um contou a sua tarefa:

— Eu plantei café.

— Eu plantei milho.

— Eu, jabuticaba.

— Eu, laranja para lhes dar o suco e a sombra.

Enquanto isso, em um canto encolhido, um anjo cheio de vergonha chorava baixinho. Jesus se aproximou e perguntou:

— E você, o que plantou?

— Meu Senhor, eu plantei apenas uma flor, porque não havia mais lugar na Terra, pois os homens usaram todos os espaços para plantações de subsistência. Sobrou somente um pequeno lugar para uma flor — disse o anjo.

Jesus convocou todos os anjos para acompanhá-lo à Terra, onde a flor estava plantada.

Ali, em volta da flor, tinha uma ciranda de crianças cantando felizes. Nosso Senhor mandou que todos olhassem ao redor e viram que os homens colhiam frutos, desprezando as plantações e chorando de fome novamente. Enquanto as crianças, na simplicidade, sorriam com a única flor:

— Não basta somente viver para saciar a fome. Os espíritos também precisam da beleza da simplicidade para viver. Às vezes, os homens querem tudo o que não podem ter e se esquecem de que Deus deu a todos uma única flor e que se não a valorizarem, a perderão. A única flor que Deus deu a todos é a vida. Portanto, todos devem valorizá-la, escolhendo bem aquilo e aqueles que serão colocados em volta dela, cultivando a beleza, a alegria e a felicidade por existir — afirmou o Mestre Jesus.

Foi assim que todos os anjos voltaram para o céu levando em seus corações a lenda da flor da vida.

2
A história do canarinho

"Passamos a vida com medo do trovão
e não vemos a beleza da chuva."

Pedro

Lá no céu, um canarinho pousou na mão de Jesus. O Senhor olhando para aquele bichinho, disse:

— Para você darei o maior dom que o mundo possui, o canto. Você cantará dia e noite, noite e dia, para alegrar o coração de quem chora.

O canarinho olhou para Jesus, soltou uma lágrima que molhou a palma de Sua mão. Amorosamente, Jesus perguntou:

— Por que chora se eu lhe dei um dom tão bonito?

O canarinho lamentou e questionou:

— Porque meu olho é tão pequenino. Meu Senhor, não terei boa e precisa visão. De que me adianta ter o dom do canto se eu não verei para quem cantarei?

Jesus consolou o canarinho afirmando:

— Bem-aventurado é o aflito que ouvirá seu canto, mas você não verá sua aflição. Enquanto alguém sofrer, seja pelo motivo que for, você cantará e não terá que ver sua dor. Lembre-se de que a dor é do tamanho da visão que se tem da vida. Sua missão é apenas cantar, sem julgar, criticar os atos ou o sofrimento alheio, mas serenar os corações em aflição. Então voe e cante para a vida, sem reclamar em vão. Ore ao Senhor para que seu canto seja sempre uma oração, um ensinamento celeste e que seus olhos pequeninos continuem sem ver os desvios dos filhos de Deus. Cumpra sua missão: apenas cante.

Assim, o canarinho voou, enfeitando os céus, carregando no seu cantar a alegria de ver com os olhos do coração, porque a aflição e o sofrimento são do tamanho dos nossos olhos.

3
Aprendendo a viver

"O vento que sopra no norte é o mesmo que sopra no sul. Temos que ser como o trigo; quando no norte, devemos saber para que lado tombaremos para não sentirmos dor; quando no sul, devemos repetir o mesmo."

Pedro

Depois das nuvens, lá no céu, onde Jesus e seus anjos vivem em harmonia, uma jovem se aproximou do Mestre Jesus em busca de alívio:

— Por que sofremos tanto na vida? — quis saber a jovem.

— A vida tem as suas durezas, mas cabe a cada filho de Deus escolher o quanto quer que a vida seja dura ou mais leve e macia. Ninguém precisa estar na condição de sofrimento ou desespero, carregando as pedras sobre os ombros. O amor não morre, o que morre é o corpo, mas o espírito vive — respondeu Jesus.

Para aprendizados individuais, nas estradas da vida, ficar expostos aos bichos é inevitável. Haverá dias em que eles virão comer um pedacinho de seus corações, mas isso não é motivo de destruição, mas sim para fortificá-lo.

A vida é igual a uma borboleta, mas para ser uma borboleta, primeiro temos que rastejar no chão, para aprendermos a respeitar a terra; viver na sombra, para depois, livre do casulo, aguentar a luz da vida.

Não importa onde estivermos. O importante é acreditarmos em nós mesmos, porque somos filhos de Deus.

Às vezes, temos que estar em um lugar que não queremos, mas que precisamos estar, vivenciar sofrimentos que magoam e até doenças que limitam, pois somente assim aprendemos a viver.

4
A vida é simples

"Na vida, devemos esperar e nos preparar, pois uma flor só se planta uma única vez no mesmo chão."

Pedro

No céu, onde habitam os amigos de Jesus, um jovem disse a um velho:

— Não tenho tempo para aprender sobre Jesus. Esforço-me tanto e nada está como quero.

— A vida não volta. Ela caminha para frente, mas passa-se muito tempo olhando para o passado, para os defeitos, para os desvios e nada está bom — disse o velho.

A vida é simples como uma carroça. Ela não precisa de dois cavalos. Apenas um burro é suficiente, mas sempre se quer mais e mais...

Os homens querem muito mais do que precisam. Desejam muitas camisas, mas se tem um único coração. Muitas sandálias, mas se tem apenas dois pés.

O mundo quer as coisas muito rápido. Esquece-se de que as árvores têm o tempo de colher e de crescer, querendo comer os frutos antes de plantá-los. Somos responsáveis pelas nossas escolhas, assim como a semente escolhe a terra, onde quer germinar.

Também falam que não gostam de uma coisa sem ao menos tê-la provado ou não gostam de uma pessoa sem ter dado uma oportunidade de conhecê-la.

Por que o medo de morrer, se também se tem medo de viver?

Por que não há tempo para nada se o dia carrega em si o amanhecer, o anoitecer e o descanso para uma reflexão de nossas atitudes?

A vida é simples, tem seu tempo e o tempo tem suas leis e sua justiça, mas o mundo se preocupa demais. E não adianta olhar muito para trás e nem muito para o amanhã, senão o presente se entristece porque foi esquecido.

5
Encontros no céu

"Morrer é igual ao voar de um beija-flor. O beija-flor vem, beija a flor e voa. Nós voltamos à Terra, beijamos a vida e depois voamos."

Pedro

Um dia, na fazenda, chegou uma mulher triste que me falou:

— Perdi todos a quem amava em minha vida. Ontem sepultei meu filho e hoje nada me resta senão morrer.

Com as palavras do coração, disse a ela:

— Filha! Feliz é aquele que atravessa a vida com fé, mesmo que ela esteja temporariamente cheia de dificuldades ou sofrimentos, pois ele sabe que nada é maior que Nosso Bondoso Deus e nada pode superar a força que vem de lá de cima do céu. Podem tirar as sandálias dos pés, as cobertas do corpo, mas nada ou ninguém tira a fé do coração dos filhos do Senhor. Porque quem tem fé, acorda toda manhã feliz, sem olhar para trás, sem contar as quedas da vida. Desperta olhando para frente e em cada momento sabe que Deus não o desampara. A lei divina diz que para alguém nascer, outro precisa morrer. Esta é a lei do equilíbrio. Por isso, todos os dias de nossa existência deverão ser cheios de perseverança e fé. Saiba que Deus deu a esperança para perdermos; e a fé para guardarmos. Não perturbe seu coração olhando para o passado. Olhar para frente! É assim que chegamos ao destino.

— O que é morrer para você? — perguntou chorando a mulher.

Com o pensamento em Jesus, respondi:

— Morrer é como descansarmos a cabeça, por apenas um minuto, conscientes de que vivemos a vida do jeito que tínhamos que viver; sem arrependimentos ou culpas, porque fizemos o nosso melhor, vivendo intensamente cada segundo, amando sempre. E quando ela se apaga é como uma vela que chegou ao fim. Então, é sinal de que somos iguais a essa vela, que cumpriu sua missão e as nossas pernas apenas não aguentam mais correr, porque naturalmente entraram em exaustão.

Portanto, quando morre um grande amor de nossas vidas, não significa que morremos também, sempre encontraremos nossos amores na vida além das nuvens, além de nós mesmos, no céu.

Não tem sonho que não se realize, não tem querer que Deus não avalie. Se andarmos na luz, sempre seremos luz. Por isso, devemos aprender que é necessário perder para encontrarmos depois... e então, mais maduros, saberemos que nada perdemos porque somos eternos filhos de Deus.

6
Sombras e luz

"O passado sombrio, no presente, se reestabelece fazendo o futuro perfeito."

Pedro

Jesus falando aos seus anjos:

— Olho para a Terra e não compreendo as aflições dos filhos de Deus. Adormecem temendo o dia de amanhã e despertam olhando em demasia para o ontem ou fixam seus pensamentos em si próprios.

A aflição de hoje será o que corrige o ontem. É o que vai florescer amanhã e o que vai trazer a cura para uma vida futura, mas, se esquecem de que é necessário passar pelas sombras da noite para ver mais um dia.

Quem passa a vida toda olhando para o passado ou somente para o futuro, não dorme à noite, nem vê a luz do dia. Porque sempre estará preocupado com o inatingível, esquecendo-se do presente. Portanto, refugia-se na paz que está dentro de sua alma, porque passam apressadas em sua mente as lembranças de ontem, mas hoje você poderá repousar sereno nos braços do Senhor.

7
A lenda da coragem

"Só foge da luta quem não tem fé e quem tem fé luta com coragem."

Pedro

Certa vez, Nosso Senhor Jesus estava ajudando Deus a criar os homens e os pássaros, distribuindo-lhes vários dons.

Nosso Senhor os levou até um vasto campo e se pôs a testá-los.

Colocou o pássaro e o homem em cima de uma ribanceira e disse:

— Saltem...

O pássaro não pensou, lançou-se de uma vez. O Senhor, naquele instante, interveio:

— Vou chamá-lo de pássaro e para se sustentar no céu terá asas.

E todos os semelhantes repetiram a atitude e voaram muito, porque eles não tinham medo ou dúvidas, e assim, lançavam-se felizes em direção ao céu.

Jesus lentamente aproximou-se do homem e disse:

— Você não voará?

— Se eu pular da ribanceira, eu me machucarei lá embaixo, e aí, esses bichos que voam podem me atacar, ainda posso adoecer e, se eu pular daqui, não sei se viverei — respondeu o homem.

— Então lhe darei duas pernas — afirmou Jesus.

Jesus, ao longe, percebeu que o homem olhava para as pernas e não sabia o que fazer. Então ele se aproximou e disse:

— Eu lhe dei duas pernas para você andar...

O homem, confuso, se dirigiu a Jesus e falou:

— Senhor, mas se eu ficar em cima delas cairei e me machucarei.

— Então eu lhe darei coragem — ofereceu Jesus.

O homem, cheio de medo e dúvidas, deu um passo e caiu, logo depois, chorando, disse:

— Eu não lhe disse, Senhor, que eu cairia?

Jesus, complacente, se dirigiu ao homem e explicou:

— Você só caiu para aprender a valorizar o que lhe dei, a coragem. E só se levanta quem tem coragem.

Cada um na vida tem uma missão, um papel, uma dúvida, um amor, um desafeto, um agrado, um desagrado, mas o importante é ter coragem para voar, cair, se levantar e seguir em frente, pois "Não desanimemos na prática do bem, pois, se não desfalecermos, a seu tempo colheremos."

8
Equilíbrio

> "Jesus não nos chama ao acaso e, se estamos vivos, é porque Jesus quer ouvir o cantar da fé em nossos corações."
>
> *Pedro*

Jesus, no céu, falava:

— Os homens ouvem, mas não escutam. Deus deu a cada um de seus filhos dois ouvidos: um é para ouvir a cabeça, e o outro o coração. Enquanto se leva nas mãos a razão e o sentimento, a grande missão é equilibrar a ambos. Porém, uns deixam surdo o ouvido do coração, enquanto outros deixam o da razão.

A vida é feita de equilíbrio. Deus faz a nascente, mas também o oceano e as estrelas do mar.

A nascente recebe a água que aguenta. Às vezes, é um fiozinho tão pequeno...

Mesmo sendo o oceano grande e aparentemente forte, ele suporta somente a quantidade de água certa, pois o resto é dividido entre os rios e os córregos.

Deus fez as estrelas do céu e as do mar, a noite e o dia, a lua e o sol, a terra e a água, o ar e a ventania. Tudo em perfeito equilíbrio. E quando se quer muito uma coisa, logo chega a pior doença da Terra: a preocupação.

O peixe não se preocupa nem com os predadores que vão comê-lo. Ele nada.

Os pássaros não se preocupam com os gaviões. Eles voam.

A maior caridade não é dar o pão a quem tem fome. Ela está dentro de nós e se chama equilíbrio.

Cada vez que voltamos à Terra por meio da reencarnação, aliviamos o peso do passado.

Às vezes, uma pequena falta no agora precisará mais de doze vidas para ser corrigida. E, se vivêssemos em equilíbrio não haveria faltas, não necessitaríamos de mais doze vidas, apenas precisaríamos de uma para ser felizes.

9
Quando esperar é a solução

"O coração do outro é terra que ninguém anda, somente o Senhor Jesus."

Pedro

Era uma tarde perfumada, o pôr do sol tingia o céu de um colorido especial, que quase se confundia com um jardim. Foi então que uma jovem esperando a chegada de seu filho, perguntou:

— Por que temos que esperar tanto para vermos nossos filhos nascerem?

Eu respondi olhando para o seu coração:

— Na vida não gostamos de esperar. Para tudo em nossa existência temos que esperar, até para morrer. Porque na verdade, nascemos para esperar a morte. Enquanto esperamos, temos que viver. E quantas coisas boas podemos fazer enquanto vivemos... E, às vezes, não queremos.

Olhamos uma pequena nascente e logo queremos que ela seja um grande rio e até que deságue no vasto oceano. Mesmo sendo o objetivo da nascente, chegar ao oceano, nossa missão é cuidarmos pacientemente dela, esperando e trabalhando.

A ansiedade é um veneno para a vida e o medo é a garantia para a derrota.

As moças sempre dizem: "quero um filho". Quando o esperam, falam: "quero que ele nasça logo". Quando nascem, dizem: "que ele cresça logo". Quando crescem, falam: "quero-o menino de novo".

Cada dia é uma lição. E uma delas é aprendermos a amarmos a nós mesmos antes de amarmos nosso próximo. E isso dá muito trabalho, porque passamos a vida querendo conhecer o outro, mas "o coração do outro é terra que ninguém anda, somente o Senhor Jesus."

Tudo na vida tem a hora certa e nós temos as nossas responsabilidades, assim como tudo tem a hora certa para começar e terminar, por isso, devemos zelar por nós mesmos.

Então, enquanto esperamos, sigamos trabalhando sem desânimo, porque o Senhor sempre oferece novas oportunidades se tivermos paciência para recebermos no momento certo o que Ele nos reserva, a felicidade.

Lembre-se de que sempre entre o nascimento e a morte, Deus sabiamente colocou uma vida a ser vivida.

10
Não tenha medo

"Por que pensar no que vai morrer se a gente nem plantou?"

Pedro

No mundo espiritual, um velho que já estava morto há muito tempo, cuidava dos recém-chegados naquele hospital, quando um jovem aproximou-se e perguntou:

— Você é um homem que viveu demais. Como conseguiu suportar o sofrimento, a ingratidão e a injustiça?

O velho respondeu:

— Às vezes, deixamos a vida passar e não entramos nela, cheios de medos e preocupações. Pior do que não comer ou não ter o que calçar, é perder a esperança.

Tudo na vida deve ter um descanso. Não adianta querer tirar da terra cansada aquilo que ela não pode dar.

Assim como não há problema que não tenha solução, a preocupação só anuncia o pior. Quanto mais preocupada a cabeça, mais problemas se aproximarão.

Por que pensar no que vai morrer se a gente nem plantou? Esquecemo-nos daquilo que podemos fazer de novo.

Somos nós que temos que dar o tamanho às coisas, aos sofrimentos.

Passamos a vida chorando, sofrendo por quem partiu e esquecemo-nos de amar quem ficou.

Temos medo de aceitar o novo, porque o velho já está entendido e é conhecido.

Tudo chega na hora certa, na hora que se liberta dos preconceitos, pois cada tem um jeito próprio de responder a esse amor. Amamos o velho e não o novo.

Queremos um amor, mas não amamos a nós mesmos.

Exigimos dos outros o que eles nunca poderão nos dar, porque, muitas vezes, não sabemos o que queremos.

A vida não é difícil. Não existe dificuldade. Difícil é o que pensamos da vida. Ela é fácil e quer de nós só uma coisa: que vivamos a nossa vida.

Se você quer companhia, olhe dentro de você! Mas se não nos amamos, como podemos querer a companhia de alguém?

Preocupação demais é impedimento de viver. Ninguém é culpado pelas lágrimas que derramamos, pela fome que passamos; só nós somos culpados porque temos medo de mudar.

Não espere alguém mudar algo em você. Cada um é capaz de substituir as sombras íntimas por luzes dos céus, porque o Senhor é sua fortaleza. Então, não perca tempo, mude sozinho, porque como dizia Cristo: "Conhecereis a verdade e a verdade vos libertará" [3]

---

[3] Nota do autor espiritual (Ferdinando): João 8:32

11
Buscas e incertezas

"... em muitas ocasiões nossa ignorância não nos deixa ver a força de nossa fé."

Pedro

Certa feita, uma jovem chorava sozinha sentada à beira de um rio. Ela estava insatisfeita com sua vida e queria estar em outro lugar, menos ali. Queria que tudo fosse diferente e não valorizava o que Deus havia lhe depositado nas mãos. Foi quando um velho aproximou-se e após ouvir uma longa reclamação, ele disse:

— Quantas vezes passamos a vida querendo uma coisa que está do outro lado do rio?

Passamos pelo mundo, sentados, olhando para o outro lado do rio.

Sabemos até contar quantas flores tem no leito do rio, quantas árvores existem do outro lado, quantas pedras, até a grama que lá brota.

Sabemos quantas vezes os raios do sol iluminam as flores do outro lado, quantos pingos d'água molham as flores, até quais nuvens passam por lá.

Sabemos até como é o canto dos passarinhos do outro lado e quantos fazem ninho lá.

E passamos a vida querendo estar do outro lado. Nós nos esquecemos de que Deus nos põe do lado de cá para aprendermos a ver o que temos e para saber que estamos onde temos que estar e para dar valor àquilo que está debaixo de nossos pés.

Passamos a vida chorando o que perdemos ou o que passou.

Esquecemo-nos de que se Deus nos tira o chão é para aprendermos a olhar para o céu, e se olharmos muito para o céu, Deus nos faz olhar para o chão.

Não existem perdedores na vida. Ninguém está no lugar errado, como pensamos.

O mais importante da vida é conhecer a grama que está debaixo de nossos pés, os passarinhos que cantam acima de nós, as nuvens que escondem o sol, e os raios de sol que continuarão a aquecer o nosso rosto.

Sempre vamos estar aonde temos que estar, e não do outro lado.

Para chegar do outro lado do rio, temos que construir a ponte. Às vezes, numa vida não teremos o material certo para construir a ponte, mas nem sempre é uma ponte que temos de construir. O que devemos fazer é cuidar da grama debaixo de nossos pés e olhar para o céu, para as nuvens que estão acima de nós.

Mesmo assim, a cada dia uma luz e a cada luz a responsabilidade de não deixá-la se apagar. Porque tudo na vida passa e tudo é grande do jeito que olhamos, do lugar em que estamos.

Se olharmos com os olhos de Deus, mesmo quando uma brisa anuncia uma tempestade, a tempestade é só uma brisa.

Cabe a nós cuidar da terra debaixo de nossos pés. É por isso que não estamos do outro lado do rio. É por isso que estamos do lado de cá. E quem está lá não vai cuidar de nós, porque a responsabilidade de nossa felicidade é conferida a nós mesmos e a mais ninguém.

12
Na hora certa

"Quem nasceu para voar, não pode viver em cativeiro."

Pedro

Na fazenda onde vivi, uma moça muito triste chegou e foi conversar comigo. Ela viajou o mundo quase todo para chegar ali. E ela dizia que todos falavam de mim, mas eu não falava de ninguém. Muito lamentosa, a moça argumentou:

— Perdi meu filho. Ele morreu muito doente e até hoje não entendo o que ele fez para ter experimentado tão grande suplício.

Olhando diretamente nos olhos dela, respondi:

— Filha, eu estou velho demais, vivi tanto que, certas vezes, acho que Deus me esqueceu aqui na Terra, mas acredite, uma das coisas que aprendi é que o amor nunca morre.

Na vida, sempre queremos tudo vivo, mas ela tem que ter a semente, depois o fruto. Uns têm que morrer, nascer semente e não vingar. Outros têm que nascer e ser fruto. Por isso, filha, temos de aceitar as leis que não conhecemos, mas elas foram escritas por Deus e se não conseguimos compreendê-las, deixemos o Senhor agir sobre nossas vidas.

— Mas eu queria meu filho moço, meu filho casado e eu cheia de netos — afirmou ela.

Seguindo os ensinamentos de Jesus, argumentei:

— Nem sempre o que queremos é o nosso melhor. Tudo na vida tem um querer próprio e toda vez que impedimos que as coisas aconteçam, a vida vem e faz pequenas mudanças. Às vezes, damos valor às coisas tão pequenas e nos esquecemos de olhar os grãos de areia, o sol e o céu.

— Filha, nunca vi um peixe chorar, mas sei que eles choram. Apenas aceito essa verdade sem duvidar. Então, devemos deixar as coisas serem do jeito que elas têm de ser.

Quando a saudade vier forte, como uma grande tempestade arrasando seu coração, lembre-se de que Deus sempre estará com você, secando suas lágrimas, pois a vida não termina na dor, doença ou sofrimento, ela continua além do nosso entendimento. Lembre-se de sempre olhar para o céu porque de algumas das estrelas brilhantes do Senhor, de lá, nossos amores sorriem felizes para nós.

Então por que chorar? Volte para a vida! Seja feliz! E sorria muito...

13
A lenda das lágrimas

"A chuva sempre foi as lágrimas de Jesus, mas lágrimas de felicidade porque estamos vivos reajustando nossas vidas."

Pedro

Na vida, não podemos viver do passado e nem ficar chorando muito pelo dia de ontem. Vou contar uma lenda.

Uma vez, lá em cima no céu, Nosso Senhor Jesus olhando a Terra viu que todo mundo chorava demais.

Então, Nosso Senhor Jesus chamou os anjos bons e falou assim:

Vou dar para vocês uma missão. Vocês precisam entender por que os homens choram tanto pelo dia de ontem e por coisas velhas.

Os anjos vieram para a Terra, olharam para todo mundo, mas tudo era choro e lágrimas.

Eles voltaram para Jesus e disseram:

— Senhor! Tudo é lágrima, tristeza, somente o Senhor para entender. Nós não entendemos por que tudo não tem fim.

— Eu mesmo vou até lá para entender os homens — afirmou Jesus.

Então, Nosso Senhor resolveu falar com o sol:

— Meu filho, os homens choram muito com medo da noite, do dia e de ontem. E para a humanidade ficar diferente, sorrir, vamos dar para eles sempre a luz do dia e uma noite no meio, para os pensamentos descansarem. No outro dia você sempre vai nascer, mas a noite nunca vai deixar de existir. A noite será cheia de pequenas luzes que chamarei de estrelas, e vou colocar um sol gelado à noite — a lua — porque você vai aquecer e a lua vai abrandar seu calor. As nuvens do céu vão apagar seus raios, mas, à noite, as estrelas vão brilhar sempre. E aí os homens vão parar de chorar e viverão com a alegria da luz.

E Nosso Senhor foi embora.

Mas, os homens não pararam de chorar...

E os anjos ficaram com a missão de olhar sempre para a Terra, eles voltaram para Jesus e disseram:

— Senhor, os homens não aprenderam a ver a luz. O sol chorava triste porque ninguém olhava para ele e a lua chorava triste porque ninguém olhava para ela, só choravam.

Então, Nosso Senhor veio novamente à Terra para entender. E vendo que os homens não paravam de chorar, Jesus chamou seus anjos e disse:

— A partir de agora, todas as lágrimas que chorarmos pelo sofrimento dos homens se chamará chuva, que ao se misturar às lágrimas deles, formará o oceano. E no oceano, ali, naquele mar de Deus, colocarei vida. Enquanto os homens não aprenderem a parar de chorar, suas lágrimas servirão para alimentar a terra. Então, amadurecidos, cessarão as lágrimas e não mais se cansarão, porque aprenderam o valor da vida que é simplesmente viver e, assim alcançarão a vitória.

14
O valor da fé

"Na vida perdermos o chão para aprendermos a olhar para o céu."

Pedro

Uma vez, eu já velho, estava sentado na beira de um rio conversando com um amigo chamado Simeão, quando ele me perguntou:

— Por que será que todo mundo diz que perdeu a fé?

Não entendendo o porquê, respondi:

— Nunca entendi por que os homens perdem a fé; a vida é cheia de caminhos, cheia de alinhos e desalinhos; e muitas vezes, confundimos a perda da fé com as dificuldades da vida.

Na vida, perdermos o chão para aprendermos a olhar para o céu; paramos de respirar para aprendermos a nadar; corremos para aprender a descansar; destruímos tudo para construir melhor.

Tudo na vida tem a importância que as pessoas lhe dão. Ela possui o tamanho justo e não é tão maior do que realmente é.

Em muitas ocasiões, Deus nos dá só um sopro para podermos andar, e aquilo que achamos que é sofrimento, na verdade é somente uma ajuda de Deus para darmos um passo adiante, senão ficamos parados num canto e não seguimos em frente. Ao certo, tropeçaremos, mas quem cai sempre se levanta.

Nada na vida é mais poderoso do que a fé.

— Mas, e quando perdemos alguma coisa a que temos estima? — voltou a perguntar Simeão.

Depois de escutar as palavras do amigo, expliquei:

— Só perdemos o que não é nosso, porque o que é nosso não perdemos. Se perdeu é porque não é seu.

— Mas, e quando perdemos um amor que morre? — insistiu Simeão.

—Se é amor, é nosso, não o perdemos. Por isso, somos espíritos e não morremos. Então, não tem por que perder a fé. — afirmei.

— Mas, quando adoecemos? — perguntou Simeão.

Respondi confirmando a importância da fé:

— Não tem por que perder a fé na doença. A doença tem a missão de iluminar a mente e o coração. Adoecemos porque, às vezes, tudo o que fazemos é para atender o chamado da própria necessidade temporária e não do coração. Mas esse chamado pode não ser o que Deus reservou para nós. Então, nada justifica perder a fé.

Simeão voltou a me indagar:

— Muitos dizem que perderam tudo o que tinham na vida...

Mais uma vez ressaltei a importância da fé:

— Tudo o que é da Terra não nos pertence. Tudo o que se tem hoje é de Deus. Muitas pessoas amadas quiseram me ofertar muita coisa material e eu sempre dizia: "o que eu preciso dessa vida eu tenho". A terra que todos querem me dar eu carrego no bolso porque assim eu levarei seu cheiro para todos os lugares.

Podem até nos tirar a carne, mas não tiram a fé, porque a fé está junto de nós como o ar que respiramos; como o sonho que sonhamos; como o doce que se põe na boca; como o frio da água do rio mais cristalino que se pode nadar. A fé é o sonho mais doce que alguém sonhou. É o perfume mais perfumado da melhor flor.

    A fé é o que traz de volta a esperança que nos faz ouvir o lamento e o choro, transformando-o em um largo sorriso no rosto novamente; que nos faz sentir a tristeza de alguém acariciando um objeto que traz um retrato daquele que tanto amou e saber que o amor não está naquele porta-retratos, está dentro do coração de cada um de nós. Esse é um amor que não tem dor, que não tem dono, que não traz agonia.

    Ninguém pode destruir a fé, pois ela está dentro de cada um de nós e acorda na hora em que soluçamos, seja de alegria ou de tristeza. É ali que ela desperta para dizer que temos que recomeçar a viver e a reaprender a amar.

    É a fé que ensina, que mesmo sozinho, sem nada, devemos seguir confiantes, pois ela nunca duvida...

    Por isso, quem pergunta demais, ouve de menos e na vida não podemos perguntar, temos que ouvir. É assim que entendemos nosso tamanho diante de Deus, pois tudo que dávamos tanta importância de manhã, será que, à tarde tem o mesmo valor?

15
Acreditar, o início de sua descoberta

"... a escravidão é da terra e a liberdade é de Deus..."

Pedro

Certa feita, lá no céu, Nosso Senhor Jesus chamou todos os anjos e designou a cada um uma missão: um foi cuidar das florestas, outro do mar, outro do céu, outro da chuva, outro do ar, até que chegou um anjinho cheio de raiva.

Então Jesus olhou para ele e disse:

— Por que você está cheio de raiva?

O anjo respondeu:

— Porque o Senhor nunca falou comigo. E olha que eu já pedi tantas coisas para o Senhor e tampouco tive sua atenção! Os outros sempre têm as melhores oportunidades, o melhor trabalho e, para mim, o Senhor não endereça nem um olhar. Fico somente com o sofrimento, pessoas doentes, cheias de água nos olhos para chorar. Tenho até que lavar as túnicas dos outros anjos e sequer tenho uma túnica nova.

Com muito amor, Jesus se dirigiu ao anjo e falou:

— Meu filho, enquanto você se compara demais aos outros, vendo somente o que você não tem, eu estava trabalhando para aliviar as tristezas. Eu estava entre os filhos de Deus. Eu estava o embalando com a minha própria túnica, abrandando seus pensamentos com Minhas mãos de luz. Enquanto você falava da dor alheia, Eu guardava você nos braços Meus. Por isso, não se compare aos outros, com aquilo que não é seu. Confie em si e assim descobrirá o seu valor. O lugar onde está agora Eu o coloquei, porque somente você está preparado para essa missão.

Por isso, na vida temos dois caminhos para seguir: ou confiamos em nós mesmos ou passamos a vida toda olhando para os outros e querendo ser aquilo que não podemos ser.

16
Recomeço, esperança e fé

"Esquecemo-nos de que é a vida que nos escolhe e nós não escolhemos a vida. "Queremos as coisas, mas as coisas não nos escolheram..."

Pedro

Eu estava na fazenda, muito velho e, às vezes, olhava para meu lado e dizia:

— Minha sombra já morreu e se esqueceu de mim...

Foi em uma primavera que chegou à fazenda uma sobrinha do dono. Ele, desesperado, naquela noite me disse:

— Minha sobrinha chegou essa manhã para respirar o ar puro, buscando sua cura, pois está muito doente. Ela parece um espinho largo. Nada a agrada. Ela é pior que um anzol no dedo, que um gavião sobrevoando um pasto. Preciso de sua ajuda.

Com muito amor, coloquei-me à disposição para ajudá-lo:

— Meu caro, ninguém é duro demais, porque ninguém é um tijolo e também não é mole demais porque não é água. De manhã verei a jovem.

Logo cedo, fui até ela e, quando me viu, começou a soluçar. Cheguei a pensar que eu havia a assustado, pois era muito feio. Então eu disse:

— O que tem dentro do seu coração que a faz tão triste assim? Atrás de um rosto fechado tem um grande sofrimento escondido.

A jovem, com muita amargura, respondeu:

— Sabe por que eu choro assim? Porque eu perdi a esperança de minha vida. Veja minha barriga! Ela é morta como essa pedra que está perto de nós. Eu me casei e meu ventre não dá à luz. Nele só há escuridão.

Então coloquei esperança no coração dela:

— Filha, se seu ventre é uma pedra, lembre-se de que bem perto dela há vida, uma lagarta tem paciência, pois, sabe que um dia será uma borboleta. Espera confiante, pois sua aflição não lhe faz ver o quanto o Senhor a ampara.

O tempo é de Deus e não nosso. O amargor de suas palavras é o amargor da solidão que temporariamente está em seu coração, mas, não perca a esperança, porque na vida Deus nos deu uma coisa: a força da fé e não devemos perdê-la.

Em silêncio, saímos para ela conhecer a fazenda, quando chegamos a um pequeno barracão, duas mulheres conhecidas como Mãezinha e Morena cuidavam de cinco recém-nascidos que foram abandonados pelas mães, próximos à estrada onde eu costumava caminhar. Acolhi-os e entreguei-os àqueles corações bondosos. Privados de toda sorte, aqueles heróis lutavam para vencer as dificuldades cotidianas, quando a jovem disse:

— Deixem-me ajudá-las.

Assim, ela passou trinta dias cuidando daquelas crianças, sem se ausentar um instante de lá.

Foi então que seu jovem esposo foi à fazenda. Ao chegar e vê-la tão feliz, me perguntou:

— Pedro, que milagre você fez com minha esposa? Ela até voltou a me dar carinho.

Eu disse ao jovem:

— Nada fiz, mas, às vezes, temos que ver os sofrimentos dos outros para superarmos os nossos próprios.

Tempos depois, em um entardecer, enquanto o casal cuidava dos cinco meninos, eu falei assim:

— Filha, ponha a mão na sua barriga. Você está esperando um filho.

Espantada, ela me respondeu:

— Como? Não posso ter um filho, gerar uma criança.

Os dias seguiram sem pressa. Naquela noite, a jovem mesclava a dor com a felicidade. Enfim, havia chegado o dia de seu filho nascer. Com a ajuda de outros escravos, trouxe à luz um menino miúdo. Com carinho, coloquei-o nos braços da jovem, enquanto seu esposo lhe acariciava os cabelos:

— Aqui está seu filho, seu recomeço, sua esperança e sua fé, pois sua missão é transformá-lo em uma linda borboleta, ensiná-lo a voar e entregá-lo pronto para a vida.

17
A lenda das borboletas

"... nunca chorar pelo que se perdeu; chorar somente pela felicidade do que se ganha e do que realmente se é..."

Pedro

Certa feita, Nosso Senhor Jesus veio à Terra pescar, sentou-se na beira do rio com os pés na água, levantou uma pedra e debaixo dela tinha uma pequena lagarta que estava muito triste chorando. Nosso Senhor perguntou:

— Por que tantas lágrimas em seus olhos?

A lagarta respondeu:

— Porque o Senhor fez os animais lindos e eu me escondi aqui debaixo dessa pedra e ninguém me vê. Eu olho para cima e vejo os pássaros cheios de penas. Eu vejo os bichos bebendo água no leito do rio; o cavalo fogoso, a zebra pintada, o elefante grande, todos são perfeitos. O beija-flor beija a água, até a cobra nada, e o sapo pula, e eu aqui, uma lagarta que os homens, quando me veem, fogem. Os peixes, quando me veem, têm tanto medo que não querem nem me comer. Meu Senhor, eu lhe confesso que não entendi por que me fez nascer...

Nosso Senhor Jesus, cheio de misericórdia e compaixão, colocou a lagartinha em Sua mão e lhe deu um sopro.

Naquele momento, ela se transformou em uma linda borboleta. Após ensaiar algumas batidas de asas, voltou feliz à mão do Mestre, que lhe disse:

— Sua aflição não tem querer na minha vinha, tampouco no reino de meu Pai. Porque o seu sofrimento é temporário, representa a dor de sua transformação. É o nascer de suas asas para a liberdade. É o perpetuar de sua missão, pois você é de fato uma borboleta, e no meio de todos os bichos, você representará a paz, a alegria no colorido de sua natureza e na perseverança do seu silêncio.

18
Pensando em Deus

"A transformação não acontece de uma hora para outra. A vida não dá saltos. Tudo é resultado de esforço e aceitação."

Pedro

Na vida, Deus fala conosco e nem sempre ouvimos.

"E Nosso Senhor não fala". Vocês dizem assim, mas o Senhor sempre fala conosco. As palavras doces demais do Senhor nós não ouvimos.

Para andarmos para frente temos que cair para nos levantarmos e dar um passo adiante.

É assim que a vida faz com todos nós, seja nos assuntos do coração, da profissão ou da religião.

Às vezes, para chegarmos aos objetivos da vida, olhamos para Deus e falamos:

"Nosso Senhor, acabou-se a vida, acabou." A vida não acaba num abalo, a vida continua. Todo abalo anuncia uma nova oportunidade e um renascer.

Mas, se ficarmos parados é como pescar. O pescador inteligente sabe quando jogar a linha no rio. Quando não se pesca nada temos que mudar de lugar, porque os peixes sabem onde temos que estar e conhecem as nossas necessidades.

Porque, às vezes, não sabemos onde estamos e nem onde queremos chegar. E Nosso Senhor vendo tanta indecisão oferece uma fonte de infinita luz para iluminar os caminhos dos filhos de Deus.

Seja qual for o motivo da fadiga — dúvidas, quedas ou perdas — Jesus sempre aguardará a chegada dos filhos de Deus de braços abertos, respeitando seus limites e os amando sem distinção, porque seu amor não é para si, mas para a humanidade, "pois ninguém de nós vive e ninguém morre para si mesmo, porque, se vivemos, é para o Senhor que vivemos, e se morremos, é para o Senhor que morremos. Portanto, quer vivamos, quer morramos, pertencemos ao Senhor." [4]

---

[4] Nota do autor espiritual (Ferdinando): Paulo – Romanos, 14:7-8

19
Orgulho e humildade

"Só é escravo quem tem a mente cativa, mas quem tem o coração livre não é escravo."

Pedro

O orgulho é a ferida mais profunda que se pode cultivar.

Certa feita, chegou à fazenda o irmão do dono. Era um homem muito rude. Ele chegou doente, velho e sozinho. A rudeza o afastou das pessoas.

Então, quando ele apareceu, ninguém queria cuidar daquele filho de Deus. O dono da fazenda me disse:

— Você cuidará de meu irmão, ninguém quer chegar perto dele, pois ele está revoltado com a vida e nada lhe tem valor. E como você é calmo, quem sabe conseguirá domar aquele endurecido coração.

Então comecei a tratar dele e ele só me humilhava. Porém, eu não achava aquilo humilhação, porque só é humilhado quem acredita na humilhação.

Uma vez, ele ficou com uma das feridas expostas por duas noites, mas não abria a porta para ninguém e gritava de dor. Com calma e com a ajuda do fazendeiro, entrei no quarto. Lá, tratei daquele filho de Deus com o conhecimento das ervas que o Senhor havia me dado. Coloquei o remédio na ferida e a dor passou como um sopro de vento.

Tempo depois, o homem abriu um sorriso e me disse:

— Velho, eu o maltratei tanto, cheguei até a lhe bater, consequentemente, você adoeceu. Arranquei-lhe tamanha dor, resultado do sofrimento que lhe causei, e agora me trata assim com tanto carinho? Por quê?

Com amor nas palavras, falei:

— Só é maltratado quem acredita nos maus-tratos, meu filho. E como eu nunca acreditei nos maus-tratos, eu nunca fui maltratado. Meu filho, só sofre na Terra quem não tem inteligência. Eu não sei ler e nem escrever, mas sei contar. Eu só sei cultivar flores e não cultivo sofrimento. Aprendi, ainda, a não acreditar na doença, porque só adoece quem acredita na doença. Ela, a doença, é igual uma flor, quanto mais receber água, mais cresce. Então, eu não sou doente.

Aquele homem viu simplicidade nas minhas atitudes e disse:

— Você é humilde demais...

Aí, retruquei:

— Enganou-se. Eu não sou não... Sabe por quê? Não falamos de humildade, nós a sentimos. E quanto mais você fala que eu sou humilde, mais você está me vendo por fora. Você tem é que me ver por dentro. E como o coração dos outros é terra onde ninguém anda, no meu coração você não pode andar e eu não posso andar no seu. Então, meu filho, humildade é para mim igualzinho a uma estrela. Ela tem que brilhar naturalmente, sem a intervenção de ninguém. Porque quanto mais quisermos que a estrela brilhe, mais estamos sendo orgulhosos. Quanto mais a estrela brilha quietinha, mais nós somos humildes.

Ouvindo atentamente, o homem reconheceu:

— Eu fui orgulhoso a vida inteira e nada ganhei com isso.

Foi quando olhei para ele e afirmei:

— Ganhou sim, filho. Nesse momento, você se libertou de uma coisa: da ignorância, pois essa é a pior ferida que o homem pode ter... Portanto, não se atormente entre dúvidas, acreditando-se incapaz ou não merecedor do amor do Senhor. Lembre-se sempre: "Porventura, não são todos eles espíritos servidores, enviados ao serviço dos que devem herdar a salvação?"[5]

---

5 Nota do autor espiritual (Ferdinando): Paulo – Hebreus, 1-14

20
Lembranças do passado

"O passado só volta quando deixamos as janelas do coração abertas."

Pedro

Minha história começou quando eu já estava morto...

Recebi uma ordem para socorrer um filho de Deus chamado Túlio. Era um jovem cheio de saber, de arte e cultura, mas estava com a cabeça perturbada com seu passado e a ele se mantinha vinculado. Então segui confiante ao seu encontro.

— Meu filho, por que você não vem comigo?

Túlio respondeu:

— Eu não tenho dignidade para ir com você. Onde você entra, eu, ao certo, não poderei entrar.

Olhei para ele e disse:

— Quando pensamos assim é porque não nos perdoamos. Passamos a vida toda olhando para fora de nós, colocando defeito, achando que os pés são sujos, que as mãos são impuras, que os pensamentos são tão pequenos que não conseguem nem seguir pelo espaço. Achamos que somos feios demais e nos achamos tão pequenos, que não nos perdoamos. Não nos perdoamos porque achamos que não somos bons. Mas, Deus, que é o criador de todos nós, sabe o que é bom em nós; Ele nos fez do jeito que temos que ser. Somos nós que vemos defeito onde não tem. Somos nós que não sabemos aonde queremos chegar. Às vezes, queremos que seja tudo diferente e rápido. Mas a vida tem suas leis. Cada espírito tem uma missão no corpo. Nós temos que aprender a não esperar os outros mudarem. Somos nós mesmos que temos de mudar. Ver que somos capazes de entrar na casa de Deus porque somos Seus filhos, somos o reflexo de Sua luz. E o Senhor que conhece tudo o que é bom e ruim em nós, já nos perdoou. Então, por que nós não podemos nos perdoar? Por que temos que olhar para trás e não olhar para frente? Não contamos o que perdemos, contamos o que ganhamos. Não contamos o que não temos, mas amamos o que temos. Esperamos da vida não o que a vida não pode nos dar, porque ela pode nos dar tudo na mesma quantidade. Mas Deus, à noite, vai em busca de nós e nos socorre. E é nesse socorro que Ele não deixa a vida nos dar tudo de uma vez, porque senão vamos querer sempre mais e achar que não precisamos mais Dele, que temos tudo. E o homem que pensa assim, já morreu. Mas quem sabe que precisa de Deus e sabe que o que se tem nas mãos é necessário para o momento, é cheio de vida, de amor e glória. Onde Deus pisa, todo mundo pode pisar, só não pisa lá quem não quer e quem não acredita em si mesmo. Porque quem acredita em si mesmo não tem temor, nem dor, nem rancor, nem mágoa. O passado é igual a um leito de rio que se foi, onde a água já passou. E cabe a cada um de nós descermos com as águas e desaguar lá no oceano e não contar os erros que passaram, porque o que errou, errou. Olhemos para frente, arregacemos a barra da calça e vamos embora, sem culpa, sem ódio, pois assim é a vida.

Quando dei por mim, o moço me abraçou, me beijou e disse:
— Pedro, eu vou com você.

21
Desistir

"Nunca chore pelo que não fez para si, mas sorria sempre por tudo que fez para si."

Pedro

Agora vamos falar de coragem e de não desistir. Como é importante olharmos para dentro de nós mesmos, numa hora de dúvida, ou de desespero e nos aceitarmos como somos. Ou, às vezes, olhar para dentro de nós mesmos, tentar ver alguma coisa e não ver nada. Por isso, precisamos aliviar os pesos.

Vou contar uma história...

Eu tinha um burro velho e esse burro era meu amor.

Mas, uma vez, o dono da fazenda não tinha como transportar os milhos para a cidade. Os cavalos bons, as vacas gordas e tudo que ele tinha haviam sido vendidos, mas ficou um burro. Então o dono da fazenda me falou:

— Pedro, teremos que usar o burro.

E assim o burro foi levado.

Neste ínterim, chegou à fazenda a sobrinha do dono que queria que o burro, além de puxar a carroça, carregasse também o cesto de flores, porque ela se encantou com as flores da fazenda.

Eu cheguei para o dono da fazenda e disse:

— Meu senhor, se não aliviarmos o peso do burro ele não aguentará.

A moça não queria tirar as flores de cima dele porque ela tinha amor por elas.

Uma amiga chamada Mãezinha, sem que ninguém visse, afrouxou o cinto da barriga do burro e, no meio da estrada, os balaios rolaram abaixo. O burro chegou ao dono da fazenda sem nenhuma flor.

A moça cheia de raiva começou a bater no burro até ele cair.

Quando vimos, o pobre animal estava quase morto.

Passei a noite toda ao lado dele tentando aliviar-lhe as dores das feridas. No fundo do meu coração sabia que logo a morte chegaria para levar meu velho amigo.

Mãezinha, chorando, sentou-se ao meu lado e disse:

— Se eu não tivesse soltado a cinta da barriga dele isso não teria acontecido. Estou cheia de rancor, remorso e culpa.

Eu respondi a Mãezinha:

— Tudo na vida tem uma intenção. A intenção de aliviar o peso do burro demonstrou seu amor. Mas, quando fazemos as coisas, fazemos do nosso jeito e não como o Senhor quer. Nem por isso, minha filha, há de se ter culpa. Porque bem-aventurado é quem alivia o coração do outro, mas não pega para si seu temor. Porém, sabe que cada um tem a sua estrada, suas feridas, seus pesos a carregar, e Deus, nosso Senhor, que tudo vê e sabe, alivia a nossa dor, pois o burrinho cumpriu sua missão. Tudo na vida tem sua hora.

Desesperada, a Mãezinha declarou:

— Desistirei de tudo.

Tentei convencê-la de que não deveria desistir:

— Não, filha. O que seria do céu se ele desistisse da chuva? Como ficariam os rios e os oceanos? O que seria do sol se ele não quisesse mais aquecer o mundo? E do gelo se ele não quisesse se equilibrar com o sol? Entre a luz e as trevas, uma sempre vai fazer sombra à outra, mas tudo é luz, tudo é luz. Uma das maiores dores é esquecermos os rostos daqueles que amamos. Portanto, não desista! Alivia seu coração, pois não devemos guardar remorso ou culpa, mas sim, as belas lembranças de quem um dia amamos.

22
Escolhas e Partidas

"O único remédio será a força do tempo, a paciência e o silêncio."

Pedro

Chegou à fazenda um rapaz bem jovem que queria me conhecer.

Todo mundo me conhecia e eu não conhecia ninguém.

Ele falou que veio aprender umas coisas comigo. Então, o dono da fazenda me chamou para entender o que o jovem queria. Logo o rapaz disse:

— Pedro, eu vou morar na França, mas antes de ir embora falaram tanto de você que eu achei melhor vir conhecê-lo.

Estranhando a escolha, também retruquei:

— Meu filho, tanta coisa bonita na vida e você vem conhecer um velho feio como eu?

— Meu irmão o conheceu e não para de falar de você. Antes de viajar, eu vou estudar Medicina e queria entender as coisas que você faz. De onde vem tamanha sabedoria? — indagou o jovem.

Assim ele, se juntou a mim. Na manhã seguinte, fui chamado para ajudar algumas moças a dar à luz. Acompanhado do jovem, segui para as fazendas. Entre um nascimento e outro, havia pessoas doentes, velhos pedindo ajuda e crianças famintas.

Em extrema pobreza, o jovem viu nascerem os meninos com a força da fé e da esperança. Já no fim do dia, o último nascimento marcou nosso dia. Uma escrava de dezessete anos foi dar à luz seu filho, mas um sofrimento marcava aquele olhar.

Com carinho, sentei-me ao lado dela e enquanto lhe acariciava as madeixas suadas, ela, entre soluços disse:

— O amor de minha vida foi vendido hoje de manhã. O dono da fazenda o levou para o mercado e nunca mais o verei. Pedro, eu quero morrer, deixa-me morrer, mas quero que cuide de meu filho.

Com o coração em pedaços a consolei:

— Filha, paciência, vamos cuidar de você e de seu filho.

— Como viverei carregando essa aflição em meu coração? — perguntou a escrava.

— Cada aflição no seu momento. Agora vamos fazer o menino ver a luz — eu disse a ela.

Depois de prolongado sofrimento, nasceu um menino forte e a moça ficou desfalecida de tristeza. Eu olhava para ela e com o coração chorando silenciosamente, falei:

— Filha, espere, confiando em Jesus, não tem dor que dure uma hora e hora que não tire uma dor. Volte a ter esperança em seu coração.

Logo coloquei o menino pertinho do coração dela. Quando ela o viu, o sentimento materno despertou. Ela abraçou o menino com a força de um incontido e indescritível amor.

— Confio em suas palavras. Levantar-me-ei, cuidarei de meu filho, razão eterna de meus dias e preencherei minha alma de esperança, pois um dia reencontrarei meu amor — disse a escrava.

Dois dias depois, ela já estava em pé. E naquela tarde, ela trouxe o menino para nos visitar.

Mas, também era o dia em que o rapaz deveria retornar para seu destino.

— Eu não vou mais para minha terra, ficarei aqui. Quero ajudá-lo.

Aconselhei o jovem:

— Na vida, não podemos colocar desvios em nossas estradas, aquelas que o Senhor delineou para cada um de nós. Se a estrada é reta é para seguirmos em frente. Cada desvio da vida, imposto por nós mesmos, traz fantasmas que, muitas vezes, não poderemos enfrentar. Siga o que Deus lhe determinou. Quando você estiver mais maduro, volte, pois trabalho não lhe faltará.

E assim, acompanhado de meu patrão, segui para a cidade para vender o trigo e levar o jovem para que ele seguisse viagem. A escrava, com o filho nos braços, pediu para nos acompanhar para as despedidas. Não hesitamos e seguimos.

Quando chegamos ao centro da cidade, havia um leilão de escravos. Para nossa surpresa, lá estava o escravo, o amor da jovem, para ser vendido.

83

Como nas vinhas de Deus não há acaso, chegamos no momento exato de sua negociação. Quando nos aproximamos, a escrava viu seu amor com uma argola no pescoço, sendo negociado. Uma mescla de desespero e agonia tomou-lhe o coração. O rapaz que nos acompanhava, cheio de compaixão, colocou a mão no bolso e disse:

— Eu compro esse escravo.

Após a disputa pelo escravo novo, que muito valia, meu patrão aproximou-se e disse:

— Guarde seu dinheiro, eu darei cinco sacas de trigo pelo escravo. Você vai viajar e precisará de dinheiro.

O dono da fazenda onde trabalhava, conhecendo a história, soltou o rapaz e, imediatamente, os dois escravos se abraçaram...

Entre calorosas despedidas, o jovem disse:

— Eu não quero ir.

Olhei para ele e afirmei:

— Filho, somos colocados em um caminho somente para aliviar a aflição do outro. Mas, no fundo da alma, temos que voar. Vá! Siga seu caminho. Se você voltar, nessa mesma estrada, eu estarei aqui, esperando você para levá-lo à fazenda.

O jovem partiu levando em seu coração o aprendizado vivido. Os dois escravos, felizes, tiveram oito filhos! E eu vi nascerem todos.

23
Preocupações da vida

"... lembrança traz dor; recordação traz felicidade."

Pedro

Às vezes, olho para os filhos encarnados de Deus e os vejo mergulhados em tantas preocupações da vida.

As mulheres querem ter filhos e passam a gestação toda preocupadas, querendo que logo chegue o dia do nascimento.

Os homens ficam preocupados quando não conseguem trabalho. Quando Deus dá o trabalho, eles rezam para o dia acabar.

E assim a vida passa diante dos olhos sem nem se saber o porquê.

Por isso, é importante sabermos esperar. Esperar, porque tudo que acontece conosco tem um porquê e uma missão.

A solidão tem a missão de nos ensinar a ouvir Deus. Porque quando estamos com muitas pessoas por perto, ouvimos todos e não ouvimos a nós mesmos.

A doença tem sua missão. Ela não passa quando nós queremos. Ela passa quando cumpre sua tarefa. E, às vezes, a missão dela dura uma vida.

Nós temos que aprender a esperar. Às vezes, uma, duas, até três existências.

Não adianta saltar o rio que está à frente. Se ele está à nossa frente é para aprendermos a nadar. Porque na água não se salta, nem se anda, mas sim se nada.

E de tanto querermos mudar as formas da natureza, damos início ao sofrimento sem explicação.

Muitos choram por causa da morte, mas a morte é vida! E choram, também, por causa da vida.

Não podemos passar a vida querendo arrumar o culpado para a dor de agora, ninguém tem culpa por nossas mais profundas tristezas. Quem é culpado da dor é nossa invigilância.

Por que viver no ontem se Deus nos deu o hoje? Por isso, a vida é feita de "hojes", não de "ontens" e não somente de "amanhãs".

Viver de ontem é igual a uma chuva que não passa. É olhar para trás contando os tombos; o que não teve, ou o que partiu.

Hoje resta apenas esperar, sem preguiça, trabalhando, mesmo se o trabalho que queremos é um e nós estamos exercendo outro. Trabalhe onde está com o mesmo amor como se estivesse onde tanto quer, porque é ali que está sendo testado seu amor.

Não adianta colocar nas mãos dos outros e do invisível a responsabilidade que é nossa.

Podemos modificar e chegar onde temos que chegar. Esperando, construindo e sabendo que sempre depois de uma lágrima, estamos prontos para sorrir.

Depois de um corte no coração, Jesus manda vinte doutores para restaurá-lo.

Depois de uma casca de ferida arrancada, Deus manda a cicatriz. Mas se cutucarmos as feridas, aumentamos os cortes no coração, não tem doutor que cure o remorso e a mágoa. E não tem doutor que cure o sofrimento que fizemos alguém sofrer.

Porque na vida e na missão espírita que estamos, só nos resta uma coisa: a fé. Porque a esperança Deus a fez para perdermos, a coragem para quando adoecermos, e a fé para nos levantarmos.

24
Aprendendo a sentir

"Os ventos são as nossas vidas e o trigo os nossos sofrimentos. Temos que saber viver para não sentir dor, pois as vidas são diferentes, mas os sofrimentos são sempre os mesmos."

Pedro

Estava para chegar à fazenda a sobrinha do dono e no dia marcado fui buscá-la na cidade, atendendo ao pedido do fazendeiro, que nos disse que ela estava muito doente e viria em busca de cura.

Quando a vi, era uma formosura. Seus olhos pareciam dois pedacinhos de céu, o rosto parecia duas nuvens de algodão e as madeixas pareciam cabelos de milho ao vento. Tão bonita, mas tão sofrida em razão da doença que trazia consigo. Com ela, estava um doutor forte, bem-vestido, conduzia-lhe com compaixão.

Eu olhei para ela e ela olhou para mim e, quando me viu, começou a chorar emocionada.

Ao chegarmos, o doutor logo ordenou que eu e Morena saíssemos de perto da jovem. Ele já havia escolhido uma escrava para cuidar dela.

Morena, triste, disse:

— Eu acreditei que seria a escolhida, até fiz um caldo bom...

Encorajando aquele coração, afirmei:

— Na vida, nem sempre somos os eleitos, devemos aceitar os desígnios de Deus, ao certo, eles sempre agem a nosso favor.

— Mas, Pedro, eu sei fazer — disse Morena.

— Eu sei que você sabe fazer, mas só podemos fazer as coisas para o outro quando ele quiser receber e quando servir para ele. Você não faz uma camisa para alguém sem ter a medida certa — retruquei.

Os dias passaram e eu observava. O quarto da jovem parecia uma casinha de joão-de-barro, fechada. Mas, eu entendia por que: o passarinho só voa quando tem penas nas asas para sustentá-lo no céu.

Naquela manhã, o doutor foi para a cidade e a dona da fazenda veio correndo pedindo para ajudá-la com a jovem que havia, de súbito, piorado.

Quando chegamos, a moça estava ardendo em febre. Após muitos unguentos e chás amargos, ela melhorou.

Feliz, Morena abriu as cortinas para entrar os raios do sol e, em seguida, trouxe um bom caldo. A jovem com dificuldade tomou o caldo e seu rosto alvo, dava lugar a um especial colorido, igual a uma rosa.

Sem haver explicações, Morena, a velha mãe de leite, havia se apegado àquela jovem que também lhe retribuía o afeto. Morena, com discrição, secava as lágrimas, quando me aproximei e disse:

— Poucas foram as vezes em que a vi chorar.

Morena emocionada disse:

— É que ela me fez lembrar tantas histórias que não voltam mais.

O doutor, quando chegou, imediatamente nos mandou ir embora e brigou com o dono da fazenda, dizendo que nós éramos todos velhos feiticeiros:

— Ou esses escravos ou eu.

O fazendeiro gritou:

— Eu fico com os escravos.

E assim, o doutor foi embora.

Tempo depois, a jovem curou-se, levantou-se revigorada e parecia um canarinho. Ela se apegou a Morena, e ambas firmaram grande amizade.

Mas a vida sempre possui suas leis e chegou o dia em que adoeci.

Em uma noite, eu estava em meu leito, recordando as alegrias de minha vida quando a jovem aproximou-se chorando e disse:

— Você não vai morrer, não é? Em meu coração só habita sua imagem.

Respondi murmurando:

— Filha, ninguém é dono do coração de ninguém. Ele é como uma casa grande, cheia de quartos, pronto para acomodar e amar muita gente. Eu sou somente um pedacinho de um dos seus quartos. Quando eu morrer, fecharei a porta para a vida da carne e abrirei outra para uma vida nova. Por isso, filha, não deixe a tristeza tomar conta de você, porque eu nunca estarei longe de seu coração.

— Mesmo assim, como é que eu vou viver sem você? — perguntou a jovem.

— Feche os olhos, está vendo alguma coisa? — indaguei a ela.
— Não — respondeu aflita.
— Está me ouvindo? — voltei a perguntar.
— Estou — afirmou ela.
— Está me sentindo?
Com a certeza nas palavras, ela disse:
— Sempre.
— Isso é viver sem mim. Quando a saudade vier, feche sempre seus olhos, que estarei orando por você. Ficarei em silêncio somente para ouvir a melodia das batidas de seu coração. Por isso, coragem, porque tudo na vida tem a hora de morrer, de viver e de tocar o céu.

25
Sonhar

"Nenhuma dor dura mais que um dia, porque Jesus deu a noite e a lua para refrescar a dor."

Pedro

Às vezes, quando as árvores crescem e frutificam, o maior orgulho delas é olhar o fruto.

A pequena macieira, quando olha para a maçã, fica muito feliz porque nasceu o seu fruto e sabe que ela cumpriu sua missão.

A vida é o maior talento que todo mundo tem, mas deixamos passá-la muito rápido, dando valor às coisas sem importância.

Não olhamos o dia, não despertamos de manhã olhando para o céu, porque transferimos os medos da noite para o dia que acabou de começar. A cada hora, seu medo; a cada medo, sua hora.

E a vida toda é o talento de Nosso Senhor. É a sua bondade colocada em nossas mãos.

Passamos as horas e os dias chorando o sofrimento passado.

Até o sofrimento tem o dia e a hora dele. Deixemos ir embora.

A medida do sol é o dia. Não choremos mais do que um dia. Ele já é de ontem e já choramos as águas de ontem por ele. Hoje é outro sofrer. E na verdade, é outro aprendizado.

A árvore sempre vai balançar com a força do vento, mas não é para magoar. É para lembrar que temos um pequeno talento, a vida...

Eu tive somente um sonho em minha vida. E quando a tristeza queria me visitar, eu ia para o meio do mato e me deitava entre as flores. Olhava as nuvens do céu e falava assim: "Meu Senhor, um dia eu vou tocar uma nuvem, porque ela parece tão macia." Eu só tinha esse sonho na vida, o de tocar em uma nuvem.

Mas, um dia, eu tinha passado quinze dias preso a um tronco, sem água, com a boca molhada em vinagre. Quando saí, fui para o meio do mato, deitei de barriga para cima e sonhei que eu tinha tocado em uma nuvem.

Nesse ínterim, um abençoado enviado de Deus beijou-me a testa, segurou na minha mão, derramou uma luz em minhas costas feridas e disse assim:

— Pedro, às vezes, passamos a vida sonhando com o impossível. Transforme seu sonho em algo possível. Levante-se, porque se você não pode pegar as nuvens lá no céu, eu as trouxe para você e elas representaram em sua vida coragem, esperança e fé.

Quando abri a mão, tinha uma nuvem nela. Enfim, eu havia tocado em uma nuvem.

— Agora que você realizou seu sonho, volte sem revoltas para a vida e sonhe novamente algo possível, que possa concretizar.

Eu me levantei e cada pessoa que se aproximava de mim, pedindo-me auxílio, era minha nuvem, a qual eu sempre cultivarei.

26
O verdadeiro valor: a vida

"Felicidade é igual à brisa: queremos tanto, mas de tão suave que vem, sopra e nem a vemos."

Pedro

Chegou à fazenda uma moça muito faceira. Tinha os olhos grandes, pareciam dois pedacinhos do céu.

Ela estava esperando um filho, mas carregava consigo tanta tristeza, que ficávamos tristes só de olhar para ela. O dono da fazenda chegou para mim numa noite e disse:

— Ela não viu mais o pai de seu filho. Desiludida, veio ter esse menino aqui, mas não quer essa criança, por isso lhe peço ajuda.

Preocupado, perguntei:

— Por que ela não quer o filho?

O fazendeiro respondeu:

— Ah, Pedro, não sei. É que a tristeza tomou conta dela e agora não tem mais o que fazer. Ela se trancou no quarto e ninguém a tira de lá. Ela só sabe chorar, até escutamos seus soluços do lado de fora. Não come e não quer ver ninguém.

— Tudo na vida tem o que fazer. É só querermos — disse confiante.

Fomos para a cozinha, peguei um prato de mingau de fubá e levei para a moça. Ela olhou para mim e falou umas palavras rudes. No dia seguinte, novamente, ela se recusou a me receber.

No terceiro dia, naquela manhã de sol, eu colhi um maço de flores para a moça. Bati na porta, ela abriu sem vontade e eu olhei para ela. Quando me viu, começou a chorar. Como eu era feio demais, achei que tivesse assustado a moça. De súbito, ela disse:

— De alguma maneira, que não sei explicar, eu conheço você.

Eu passei a vida todinha com todo mundo me conhecendo e eu não conhecendo ninguém. Mesmo assim, perguntei:

— Fale, filha, por que tanta tristeza em sua voz? Por que tanta dor em seu coração?

Com tristeza no coração, ela respondeu:

— Eu amei demais, amei tanto, mas a vida levou meu amor. E eu não quero mais viver, não quero mais nada desta existência. Éramos muito felizes, mas agora estou sozinha. Por favor, deixe-me morrer.

— Filha, não chore! Deite aqui no colo deste velho. Acredite! Na vida tudo é igual às enchentes. Vem água, que não conseguimos saber de onde, e parece que tudo está destruído. Acalme seu coração! Porque por mais que a morte seja presente, a vida continua. E ela continua, que, às vezes, mesmo mortos, conseguimos sentir o cheiro das águas da chuva, do céu, da terra. Deus não é injusto — expliquei.

— Você viveu demais esse amor e ele modificou você. Por que querer morrer, por quê? Por que querer partir se seu amor vive dentro de você? Não passe a vida vivendo do passado, tampouco desarrumando a vida, siga em frente, porque maior é o amor de Deus.

— Eu não quero esse menino — disse a moça.

— Mas a vida e Deus querem e você terá que deixá-lo nascer — insisti.

Os dias passaram e ela se apegou muito a mim. Na fazenda, tínhamos algumas puxadas onde cuidávamos das crianças que eram rejeitadas — filhos de escravos com seus senhores — entre outros. Naquele dia, precisávamos de ajuda para cuidar dos meninos. Ela, com a barriga grande, não hesitou e nos ajudou.

Na mesma noite, ela começou a sentir as dores do parto. Escravas corriam para cima e para baixo trazendo água e panos limpos, e assim, passamos a noite toda para ela dar à luz. Depois de muito sofrimento, com o nascer do sol, o silêncio foi rompido por um choro miúdo, um menino forte e saudável veio à vida.

Uma escrava chamada Morena enrolou-o em um pano alvo, colocou-o nos braços da mãe e disse:

— Pegue seu filho. Pior que perder um amor, filha, é perdermos a fé pela vida. Pior que perdermos a esperança, é perdermos a fé numa vida. Tome seu pedaço de amor que não morreu, pois ele está dentro de você, respirando, falando com você, dando-lhe coragem para continuar. Não desista de viver. Tome seu filho nos braços e volte a ser feliz.

O tempo seguiu seu curso, o menino cresceu e dois anos depois, eu estava mais velho. Eu olhava aquele menino pequenino perto de mim e dizia que eu não o veria ficar moço. E não vi.

Então, em uma noite em que eu estava muito doente, a moça ficou na fazenda ajudando na cozinha, depois de terminar suas tarefas, aproximou-se de mim e disse chorando:

— Me perdoa?

— Mas, por que, minha filha?— respondi surpreso.

A moça explicou:

— Porque um dia eu quase não ouvi você. Hoje eu sou tão feliz que me envergonho de olhar para trás. Toda vez que eu vejo meu filho correndo de um lado para outro e a Morena cuidando dele como um pedacinho de Deus, meus olhos se enchem d'água. Eu não sei nem o que falar.

Satisfeito com a transformação dela, me dirigi a ela e disse:

— Feliz é aquele que sabe atravessar a vida cheia de dificuldade, mas que se mantém fiel ao propósito de viver e que sabe que nada é maior que Nosso Senhor Deus e que nada pode superar a força que vem de lá de cima do céu.

Podem nos tirar as sandálias dos pés, as cobertas, mas não nos tiram a fé, porque quem tem fé, minha filha, acorda toda manhã feliz, sem olhar para trás, sem contar as quedas da vida, olhando para frente e em cada momento sabe que Deus não desampara. Às vezes, um precisa morrer para outro nascer. O maior amor é aquele que dá sua vida para outro nascer. Por isso, todos os dias daqui para frente, que sejam sempre cheios de esperança e fé. Porque Deus deu a esperança para perdermos e a fé para guardarmos. Então, não perturbe o coração com os fatos passados. Olhe para frente! Porque é lá que está o nosso destino.

Depois de uns dias, eu morri na bênção de Deus. Esse menino foi um grande homem na história de vocês (Brasil). Ele foi um grande doutor da saúde e, se não fosse ele, não se saberia muita coisa sobre a cura de muitas doenças.

Às vezes, no nosso egoísmo, não vemos e não compreendemos o amor de Deus, que sempre em seus desígnios nos reserva a missão do trabalho e da esperança coletiva, eis enfim o valor de uma vida.

27
O perdão e a correção

"Não adianta ser livre sem saber ser!"

Pedro

Eu já estava velho e, naquele tempo, chegaram à fazenda uns sobrinhos do dono, cheios de ideias de liberdade. Chegaram cheios de sonhos, de vontade e convenceram o dono da fazenda a entregar metade dos escravos para trabalharem como homens livres. E assim, começaram a se envolver com as causas abolicionistas do Brasil.

Porém, um desses rapazes, pegou birra de mim, e se reunia com os demais para fazer observações a meu respeito. Contudo, eu gostava muito dele.

Esse moço era advogado e sempre chegava a mim e dizia:

— Pedro, eu não entendo você. Pedro, você é uma vergonha com esse conformismo. Você fica junto com os demais, aceitando tudo, fazendo tudo!

Simeão, que estava junto, dizia a mim:

— Pedro, se ele continuar falando desse jeito, vou repreendê-lo. É atrevido demais esse moço.

Caridosamente, respondi a Simeão:

— Paciência, Simeão. Temos que esperar porque amadurecer o "tutano" não acontece de ontem para hoje, e tampouco para amanhã. Demora tempo, às vezes, vidas, encarnações.

E um dia, quando o dono da fazenda viajou, o moço me convidou para ir com ele até a cidade. Na inocência, aceitei e até arrumei a carroça.

Quando chegamos à cidade, o moço me amarrou num local para servir de exemplo, e começou a palestrar. Eu continuava em silêncio, debaixo do sol e brincava com um menino que ali se encontrava. Para maior exemplo, mandou o capataz de sua fazenda me surrar com uma folha de bananeira. Mas, sua ordem foi recusada prontamente, pois o empregado era amigo meu. Então, o moço chamou o capataz da fazenda vizinha. Esse me surrou.

Após a sova, eu pedi para o menino ir até a fazenda, sem alarde, chamar Simeão e Mãezinha para me ajudarem. Mas pedi para o menino não dizer que eu estava mal.

Contudo, ele chegou à fazenda aos berros:

— Acudam! Acudam! Pedro está na cidade tomando uma sova.

Todos da fazenda largaram o que estavam fazendo e foram até a cidade.

O dono da fazenda foi também, porque havia voltado, e deu uma corrigenda em seus sobrinhos. Alguns deles foram embora, e somente o moço que havia me maltratado ficou.

Eu demorei uns dias para me recuperar. Não podia pegar sereno, nem friagem.

Todos os que estavam na fazenda olhavam atravessado para o moço. Mãezinha dizia:

— Pedro, se ele passar na minha frente, vou dar uma sova nele!

Ninguém falava com o moço. Ficavam só de canto de olho. E o moço queria muito se aproximar de mim, mas ninguém deixava.

Numa noite, de repente, uma sombra se aproximou, rastejando no chão. Era o moço.

— Pedro, todas as noites venho vê-lo. Estou tão arrependido... Ninguém me deixa chegar perto de você, por isso, vim me escondendo.

— Filho, sente-se aqui — disse.

E passando a mão na mão do moço disse:

— A pior doença de um homem é o remorso. Porque o remorso é uma frustração da vida. E não podemos carregar isso na vida. A liberdade, meu filho, mora dentro de nós próprios. De que vale uma carta de alforria se não somos livres no coração? Tudo o que fizermos temos que ter a alma livre. Não podemos jogar nos outros as nossas frustrações. Por isso, olhe dentro de você e busque a razão do seu viver. Tá dentro de você, e você não vê!

— Mas como posso fazer alguma coisa, se todo mundo me reprova?

— Tudo o que fazemos na vida, tem uma consequência. Só o tempo vai nos dar a certeza de tudo o que fazemos, que podemos fazer de tudo, de tudo que podemos dar, do que temos para dar. Não olhe o que passou! Não conte o que deixou. Olhe para dentro de si, use a inteligência e encontre seu caminho! Às vezes, sozinho;

outras, acompanhado; triste ou feliz. É uma missão que, às vezes, temos que realizar sozinhos.

Pedro viveu mais uns anos. O moço viveu na fazenda junto com Pedro e sempre pedia conselhos a ele. Morena e Mãezinha corrigiram o moço, que viveu trabalhando e ajudando os escravos sem usar a força, mas os ensinando a ser livres.

Não adianta ser livre sem saber ser!

28
Esperança

"Nossa ignorância não nos permite acreditarmos na força de nossa fé."

Pedro

Quantas vezes olho para a terra e vejo as pessoas sentadas no banco da vida, chorando e trancando seus corações. E a vida passando, e elas, olhando o rio passar e chorando porque ele foi embora.

Certa vez, eu já estava muito velho e, de vez em quando, precisava falar com Deus sozinho. Naquela manhã, disse a um grande amigo chamado Simeão:

— Vou até o rio e já volto.

Simeão, preocupado, me avisou:

— Você está tão doente que a brisa do rio pode lhe fazer mal.

Foi quando tranquilizei o meu amigo:

—A brisa da natureza não nos machuca. As doenças só entram em nós se permitirmos. Eu, de algum jeito, deixei-me ficar doente. Mas, também, elas não querem me matar de tão velho que eu estou. Elas só querem me ensinar a ter forças e a continuar vivendo.

E assim eu fui, e, quando cheguei, sentei-me à beira do rio. Quando olhei mais para baixo estava minha amiga Mãezinha, pensativa, calada, com os olhos perdidos e umedecidos pelas lágrimas, como se o barulho da água daquele rio fosse igual às batidas de seu coração. Aproximei-me e perguntei:

— Porque está chorando?

Em prantos, ela respondeu:

— Uma saudade do passado que não voltará mais — entre soluços, prosseguiu. Eu era muito jovem quando meu filho nasceu e meu pai o deu para o mundo. E eu não sei onde ele está.

Tentei consolar aquela filha de Deus:

— Minha filha, se eu tivesse o dom, eu sopraria a dor do seu coração. E eu sei que Deus, que é bom e sabe de tudo, um dia vai trazer seu filho de volta para você.

A amiga Mãezinha afirmou:

— Como olhar para trás sem permitir que doa hoje? Queria tanto aprender a esquecer...

Respondi sem hesitar:

— Tendo esperança e acreditando no futuro. Porque quem vive do passado é igual à água desse rio, mas, quem vive olhando o rumo da água, vive a esperança de saber que a água deságua no mesmo lugar, no oceano que é o coração de Deus. Por isso, se você tem a dor de um pecado, a dor de um sofrimento do seu passado, deixe o coração livre, porque assim ele não estará cheio de coisas que não têm utilidade e terá lugar para o seu filho voltar.

Ela secou as lágrimas do rosto e olhou para mim com os olhos grandes:

— Deixemos de conversa. O que você está fazendo na beira do rio com essa camisa aberta? Sua saúde pode piorar. Vamos embora!

Voltamos sorrindo.

O tempo passou. Quando eu estava no leito de morte, chegou um jovem doutor que já tinha me conhecido há tempo:

— Soube que você está morrendo. Eu queria poder fazer algo para que isso não acontecesse. Precisamos tanto de você...

Olhei para ele e falei:

— Eu um dia terei que morrer, sei que veio aqui tentar cuidar de mim, mas não ficarei mais que o suficiente e sei que fará o necessário por mim.

Após fazer os procedimentos médicos, ele me olhou com os olhos grandes:

— Depois de muito tempo, descobri minha história. Meu avô me contou que, quando eu nasci, ele me tirou de minha mãe e me deu para uma tia, sua irmã, para eu morar longe. Hoje eu daria minha vida ou um pedacinho do céu se fosse capaz para conhecer minha mãe.

Tempo depois, chamei Mãezinha. Ela entrou desconfiada e eu disse:

— Olhe, filho, essa é sua mãe.

Por isso, esperança é o que faz mudar o curso de nossas lágrimas, e a coragem é o que nos faz continuar no caminho certo de nossas verdadeiras conquistas e felicidades.

29
Saber esperar

"A dor e o sofrimento também têm seus sorrisos e seus encantos..."

Pedro

Como é difícil ter paciência para esperar as coisas chegarem ao momento certo.

Na vida, queremos a fruta, mas ela, para ser fruta, antes foi uma semente. E temos que plantá-la, cultivá-la e saber a hora certa de colocar mais terra...

Eu estava velho, mas resolvi plantar um bonito e colorido jardim, porque quando acreditamos em Deus e em nós mesmos não há limites.

Plantei esse jardim em um pedaço de terra produtivo que daria para fazer uma plantação de alguma coisa para comer.

Então, as flores brotaram, era de perder de vista a quantidade de flores que nasceu, os pássaros brincavam entre elas trazendo um toque especial, como se um artista tivesse pintado preciosa tela.

Mas, naquela manhã, o dono da fazenda, com os olhos cheios d'água, disse:

— Pedro, vamos arrancar as flores para plantarmos feijão porque você sabe...

Infelizmente, os homens falam assim, "porque você sabe...", mas eu não sabia, porque ele não disse.

Respondi ao dono da fazenda:

— Se não tem jeito, jeito está dado. Filho, arranque as flores, então.

Confesso que a cada flor arrancada, meus olhos enchiam d'água. Então eu plantei novamente uma flor ao lado do feijão. Os dois brotaram em paz. O dono da fazenda, quando viu o que eu estava fazendo, disse:

— Não vingará nem a flor tampouco o feijão, pois essa terra está quase morta e tenho que aproveitar suas últimas forças.

Insistente, pedi ao fazendeiro:

— Filho, paciência. A sabedoria está em saber esperar. Não adianta apressar aquilo que não domina. Queremos até apressar aquilo que também dominamos. Queremos que o dia avance, mas não dominamos o dia. Queremos que a água nasça na ribeira, mas não dominamos a água. Queremos que as plantas nasçam, mas não dominamos a vida das plantas.

Ele me respondeu:

— Como me pede paciência? Estou desesperado e tenho que fazer vingar esta plantação, essa é minha última esperança.

— Filho, paciência todo mundo tem. É que passamos a vida toda cuidando das preocupações e nos esquecemos de que a paciência é igual às flores de Deus, Nosso Senhor. Precisa de trato, água e amor. E paciência que não é amada, não dura —disse a ele.

O tempo passou e as flores e o feijão nasceram lado a lado.

À noite, fui com meu grande amigo Simeão colher as flores para não machucá-las, antes da colheita de feijão.

De manhã, tinha um monte de flores empilhadas e o feijão pronto para ser colhido.

Surpreso, o dono da fazenda me perguntou:

— Mas, Pedro, onde e como você apanhou esse monte de flor?

Respondi:

— Meu filho, do lado do seu querer era o feijão, mas o querer de Deus era a flor. Agora, vá à cidade vender as flores. Enquanto isso, eu vou colher o feijão.

Quando na vida sabemos esperar, tudo se equilibra. É vitória e felicidade. Enquanto não nos equilibrarmos e não esperarmos as coisas amadurecerem, nunca seremos felizes. E mais, não deixaremos os outros serem felizes, porque alguém vai esperar essa flor do mesmo jeito que você aguardava o feijão.

A cada um o seu tanto e a cada tanto o seu dono. Por isso, não adianta chamar "Senhor, Senhor", tem que saber esperar e trabalhar.

30
O desapego

"Nada é de ninguém. Tudo é livre e bonito, se nós soubermos olhar corretamente."

Pedro

Eu sempre gostei de nadar. Mas devido à minha idade avançada, somente refrescava o corpo na água do rio.

Certo dia, chegou à fazenda, o sobrinho do dono. O dono da fazenda disse que ia dar um pedaço de terra para seu sobrinho criar vacas. E, me informou:

— Pedro, você e Simeão deverão auxiliar meu sobrinho nessa tarefa.

E assim, Eu e Simeão fomos para a outra fazenda.

O moço olhava para o rio e se encantava.

Numa manhã, quando eu tirava leite, ouvi alguém pedindo ajuda:

— Pedro, acuda! Duas vacas e um cavalo estão morrendo dentro do rio...

O moço estava desesperado, enquanto eu pedia calma e paciência, mas, os homens não têm calma.

Eu, o moço e Simeão fomos até o leito do rio. Eu continuava pedindo paciência ao moço e dizia que os animais voltariam.

Numa decisão, eis que o moço disse que atravessaria o rio.

Eu fiquei muito receoso e o aconselhei a não fazer isso, mas ele dizia que era nadador e que nada iria acontecer.

O moço chamou o capataz e com os barcos foram atravessar o rio. Eu pedi para Simeão trazer outro barco de reserva e deixar na margem do rio.

Quando os dois estavam no meio do rio, eis que os animais voltaram. As vacas voltaram, sacudiram-se e se deitaram ao meu lado. O cavalo fez o mesmo e brincava comigo, empurrando-me.

Quando os dois moços voltaram, ficaram muito bravos e dizia o sobrinho para mim:

— Foi você, então, que mandou as vacas e o cavalo pro outro lado? Esses animais são todos abilolados!

E, enquanto olhava bravo para mim, para dar razão a si próprio, mandou sacrificar os três animais ali mesmo.

Eu fiquei a noite inteira com o cavalo, cuidando dele, aguardando a morte dele chegar. Enquanto eu esperava, o dono da fazenda chegou perto de mim, trazendo uma cuia de feijão.

— Pedro, já estou sabendo de tudo. Morena me contou. Vou dar uma sova em meu sobrinho.

Eu disse:

— Filho, posso lhe pedir um favor?

— Fale, Pedro! — respondeu o dono da fazenda.

— Não faça isso. Não bata em seu sobrinho.

— Mas, Pedro... — disse o dono. Pensei que você iria me pedir outra coisa. Outro cavalo, que você tanto ama.

— Não se entristeça, meu patrão, porque ele morreu feliz e dando alegrias. Na vida, devemos saber a hora de se desapegar das coisas, da vida, das pessoas, daquilo que nem nosso é... e, por nosso egoísmo, não damos sossego aos outros — comentei.

Eu dizia que não queria outro cavalo porque nada é de ninguém. Tudo é livre e bonito, se nós soubermos olhar corretamente.

31
A jabuticaba do velho Pedro – aprendendo a escolher

> "A liberdade não está no chão, mas no coração."
>
> *Pedro*

Gostamos mesmo é de falar.

Deus nos deu dois ouvidos, mas, às vezes, não usamos nenhum deles.

As pessoas complicam as coisas mais simples, reclamam delas e se esquecem de que elas são frutos de escolhas.

As moças querem amar, mas querem que o amor seja todo escrito e perfeito para ser entendido. Mas, o amor não é entendido assim, não é para ser lido. Sua perfeição está em senti-lo.

Certa vez, eu já estava velho demais, me sentei numa pedra e logo veio minha amiga Mãezinha:

— Estou com vontade de comer jabuticaba.
Então, eu a avisei:
— Mas, filha, elas estão ainda fora do ponto para serem colhidas.

Tinha na fazenda um pé de jabuticaba velho, que tinha quase a minha idade. Eu mesmo o havia plantado quando cheguei naquelas paragens. E todos os donos da fazenda, inclusive os que passaram, gostavam muito dele, porque dava muita jabuticaba e, é por isso, que eu falo muito dessa bela e saudosa árvore.

Era frondoso demais aquele pé. Vinha gente de longe para chupar a conhecida "jabuticaba do velho Pedro", pois todos falavam assim.

Mãezinha insistia em querer comer a fruta fora de hora.

— Mas o pé está carregado, está até curvado. Por que não posso comer?

Respondi:

— Porque não é hora.

— Quando é hora para você? — voltou a perguntar.

Olhei compenetrado para os olhos dela e disse:

— Paciência. O tempo pertence a Deus. Somente ele pode determinar quando.

Ela saiu contrariada e foi embora. Naquela época, eu não podia andar.

Passaram-se dois dias, Mãezinha aproximou-se de mim, meio pálida e quieta, o que era muito raro para ela. Aproveitei a oportunidade para saber:

— O que aconteceu com você? Está doente, filha? Nunca a vi tão quieta.

Todos visando me pouparem, me escondiam a verdadeira razão do estado de saúde de Mãezinha.

À noite, ela piorou. Levaram-me até onde ela estava e logo entendi. Vi um prato cheio de jabuticaba.

Pedi para meu amigo Simeão ir até o mato pegar algumas ervas. Fiz um remédio e dei para ela, que logo melhorou. De manhã, já estava pulando com um pé cá outro acolá.

Já aliviado, falei a ela:

— Que Deus a abençoe. Está melhor? Agora me diga, por que comeu aquela jabuticaba?

Ela respondeu:

— A vontade foi maior e não consegui esperar.

Peguei nas mãos dela e disse:

— Filha, a vida é igual a um pé de jabuticaba. Esperar sim, porque na vida se espera até transformarmos nossas existências num frondoso pé de jabuticaba, rico de um fruto chamado sabedoria. E para esperarmos a jabuticaba nascer, temos que ter coragem, porque a coragem de colher a jabuticaba é a mesma que temos que esperar para ela nos querer. O amadurecer de um fruto é o anúncio de que ele nos quer e aí, é a hora de o colhermos. É a hora que amadurecemos porque nós ficamos inteligentes. Quando o fruto não nos quer, ele morre no pé e cabe a nós entendermos que ele nos disse *não*. Se ele disse *não* é porque ele é de outra pessoa e ninguém tem que querer a jabuticaba que não lhe pertence. Porque, às vezes, a jabuticaba que queremos é de outro, não é nossa.

— E o que fazemos com o nosso querer? — voltou a perguntar Mãezinha.

— Aprende-se na vida, que hoje podemos querer jabuticaba, mas se olharmos para o lado, tem um pé de laranja e, às vezes, é hora de chupar laranja e não de comer jabuticaba — respondi.

Ela quieta, retirou-se, mas cinco dias depois lá estavam todos eles comendo jabuticabas do velho Pedro.

32
Enfrentando os desafios

"Só perdemos aquilo que não é verdadeiro e que não nos pertence."

Pedro

Às vezes, passamos a vida toda achando que Deus se esqueceu de nós.

Eu estava velho demais...

Naquele tempo, dentro de nossas limitações, levantávamos umas casas que chamávamos de puxadas, onde cuidávamos das crianças abandonadas, fossem filhos de escravos, de brancos ou de velhos, que não tinham mais forças para trabalhar.

Levantávamos essas puxadas em terras que nos eram concedidas pela bondade do dono da fazenda onde vivíamos.

Todos me conheciam, mas eu não conhecia ninguém. Sabiam os caminhos por onde eu andava para cumprir minhas obrigações.

E por onde eu passava, as jovens, que não queriam seus filhos, deixavam eles na estrada porque sabiam que eu os acolheria. Algumas me diziam: "Pedro, eu sei de sua bondade, leva meu filho, um dia eu vou buscá-lo".

Mas elas dificilmente voltavam...

Duas grandes amigas chamadas Mãezinha e Morena, dedicavam-se a cuidar desses filhos de Deus. Em uma tarde, ambas chegaram perto de mim preocupadas, Mãezinha disse:

— Não cabe mais ninguém na puxada. Viemos lhe pedir que não traga mais nenhuma criança, pois quando você e Simeão saem sempre trazem alguém.

— Mas, minhas filhas, que vamos fazer? — perguntei.

Mãezinha voltou a pedir:

— Não pegue mais ninguém. Não temos nem sequer mais leite.

Mas eu não poderia ficar sem ajudar. Por isso, questionei:

— Como deixar alguém abandonado no caminho? Tenhamos fé porque o Senhor nos ajudará a socorrer Seus filhos.

Morena se antecipou e falou:

— Não temos mais leite.

Na manhã seguinte, saí com Simeão e fomos à fazenda do vizinho. No caminho, ouvimos ao longe um choro miúdo. Simeão logo se preocupou:

— O que faremos? Lembre-se de que Mãezinha e Morena disseram que não cabe ninguém lá na puxada.

Em silêncio, caminhei em direção ao arbusto, quando abri os galhos, entre as folhas, lá estava um menino, com os olhinhos que nem abriam. Tirei minha camisa e o enrolei. Logo depois, aconcheguei-o em meus braços e disse:

— Simeão, vamos embora!

Quando chegamos, Mãezinha e Morena olharam para mim, mas nem quiseram ver aquele rostinho que parecia uma pequena margarida.

Elas olharam bravas... Mas, às vezes, as moças falam coisas e depois choram arrependidas. Morena disse:

— Não dá mais...

Sem dizer uma palavra, ela e Mãezinha saíram e deixaram uma criança necessitada com dois velhos — eu e Simeão.

Olhei para Simeão e falei:

— Meu amigo. Daremos um jeito. Nós nos revezaremos para cuidar dele dia e noite.

— Que Jesus nos ampare, pois eu nada entendo de crianças. Prefiro cultivar a terra — Simeão respondeu.

Passou-se um mês. E o menino ficou forte. Em uma noite, Morena me viu junto com Simeão nos acertando com o menino. Logo depois, ela e Mãezinha se aproximaram chorando:

— Pedro, não sabíamos que você ficou com o menino. Por que não nos avisou? — disse Morena.

Quando Morena e Mãezinha viram o rostinho do menino, emocionaram-se. Logo depois, era uma briga para ver quem cuidava do menino.

Então, uma noite eu estava sozinho, quando as duas se aproximaram:

— Pedro, você nos perdoa? — rogou Mãezinha.

Eu, sem entender muito, perguntei:

— Do que, minha filha?

Mãezinha ficou calada e Morena explicou:

— De termos falado *não* para você. Não sabemos explicar, mas aquele menino parece um pouquinho de nós.

Olhando nos olhos daquelas moças, fiz com que as minhas palavras penetrassem no coração de cada uma delas.

— Filha, às vezes, nas adversidades que passamos, Deus está nos dando uma joia que não vemos. No limite do pão, aprendemos a não comer pão, mas sim a chupar uma laranja. No limite do calçado, aprendemos a escolher melhor os caminhos. No limite do agasalho para o frio, aprendemos a nos expor menos e aproveitar as oportunidades que Deus nos dá, os raios de sol, para nos aquecer. No choro da partida de quem mais se ama, Deus está nos dando a oportunidade de um novo amor começar, seja na aliança, seja no túmulo, seja na viagem, seja no passeio. O importante é aprendermos que somos escolhidos por Nosso Senhor, seja para as adversidades, para o sorriso, para a alegria ou para a tristeza. E do mesmo jeito que escolhemos, alguém também nos escolhe. Os lugares nos escolheram, assim como, nosso amor e até o filho que morreu nos escolhe. Por isso, nós nunca podemos dizer *não*, nem que seja para a lágrima de agora, porque a lágrima de agora nosso sorriso amanhã.

Ambas começaram a chorar. E Mãezinha insistiu:

— Mesmo assim, continua faltando leite.

Aí, expliquei em tom baixo, apenas para que o coração dela escutasse:

— É, filha, e quando falta o leite é para aprendermos a olhar o que recebemos e o que temos na mão. E, às vezes, o que temos na mão é nosso futuro. E aquilo que tanto queremos e não está na mão é o futuro de outro, e se é de outro, não nos pertence.

33
Hora da partida

"Só demora o que não é nosso. O que é nosso chega no tempo certo."

Pedro

Eu estava velho demais, eu era apenas um homem que viveu demais...

Eu tinha um cachorro que amava muito. Ele me acompanhou por muitos anos, mas seu tempo também havia corrido e ele envelheceu assim como eu.

E assim, tudo na vida chega a hora de entregarmos a Nosso Senhor. Enfim, aquele adorado animal adoeceu.

Todos na fazenda se entristeceram. Ninguém queria que ele morresse. Mãezinha, minha amiga, estava inconformada e eu lhe disse:

— Filha, tem que deixar as coisas seguirem o rumo definido por Deus.

E o cachorrinho demorou a morrer e numa noite, todo mundo chorando, eu cheguei perto de todos e falei:

— Meus filhos, às vezes, amor demais também é sinônimo de escravidão. E o maior presente que damos para quem amamos é a liberdade. Deixem a liberdade repousar no animal.

De manhãzinha, ele morreu, fizemos o que tínhamos de fazer e lá fomos nós, eu e Simeão, andando, em silêncio, sentindo falta de nosso amigo.

No caminho, passei próximo a um arbusto e lá estava um chorinho miúdo, era um menino sem mãe e perto dele, uma ninhada com cinco cachorrinhos.

Simeão acolheu os cinco animais; eu, o menino e seguimos nosso caminho.

Quando chegamos, Mãezinha disse:

— De onde você trouxe esse menino?

Aproveitei para mostrar o presente que havia trazido para ela:

— Hoje não trouxe só o menino, mas alguns cachorrinhos para você, um para cada uma de minhas filhas que cuidam desse lugar.

Elas olharam bravas para mim e não quiseram os cachorrinhos. Perguntavam-se como cuidariam de tantos animais.

Sem contendas, os levei e cuidei de todos eles.

À noite, junto com as jovens, Mãezinha se aproximou:

— Pedro, trouxe para você uma cuia de feijão.

Os cachorrinhos latindo, roçavam meus pés. As jovens, que a acompanhavam, se emocionaram quando Mãezinha disse:

— Onde você achou esses cachorrinhos?

Eu olhei para Simeão e pensei: às vezes, as moças se esquecem-se das coisas da manhã quando chega a noite, então, é melhor não dizer o contrário. Assim, elas cheias de amor com os cachorrinhos, cada uma pegou um para cuidar.

Quando elas partiram, eu olhei para Simeão e disse:

— Às vezes, um tem que morrer para dar lugar a outro renascer, até compor as páginas da humanidade.

34
O tamanho das coisas

"O amor é igual às uvas de um cacho que, às vezes, não podemos comer, porque a uva que queremos não pode se separar do seu cacho."

Pedro

Olho para os filhos de Deus que estão vivos na Terra e sempre os vejo sofrendo porque querem tudo muito rápido.

Querem uma fruta, mas não a plantaram e não têm paciência para esperá-la. Querem ir de um lugar a outro, mas, às vezes, têm medo de arriscar.

Não entendo por que tanto medo. E são muitos.

Passam a vida com medo, sem dar um passo à frente. Porque Nosso Senhor teve inteligência até para fazer o andar de todo mundo para frente, e não para trás.

Por esse muito querer, começam diversas coisas e não terminam nenhuma. Perdem a calma e ficam numa preocupação sem razão. Muitos acreditam que Jesus se esqueceu deles, porque as coisas não são do jeito que desejam.

Certa vez, uma amiga chamada Mãezinha aproximou-se e disse:

— A farinha que temos não dá para dois dias. O que vamos fazer? Sem ela não faço o pão... Todos ficarão com fome. Não compreendo por que você fica tão calmo. Temos que fazer alguma coisa.

Com tranquilidade, perguntei:

— Quanta farinha ainda tem? Dá para fazer quantos pães?

Ela foi, contou, recontou e voltou:

— Dá para uns cem pães.

— Conheço suas contas, então dá para quatrocentos. Se isso é uma verdade, filha, nós temos farinha para quatro dias, não é mesmo? — brinquei com ela.

Porque cem era o número de pessoas que tínhamos que alimentar. Por isso, tornei a dizer:

— Então dá um pão para cada um, não é, filha?

— Dá somente para quatro dias. — respondeu Mãezinha.

E nós fomos fazendo os pães, nem menos, nem mais. No quarto dia, o dono da fazenda ficou sabendo que não tínhamos mais farinha e me ofertou:

— Pedro, soube que você não tem farinha. Eu trouxe algumas sacas.

Mãezinha olhou para mim, disfarçou e foi embora. Agradeci ao dono da fazenda, que foi embora e, mais tarde, ela voltou. Aí, perguntei novamente:

— Filha, para quantos dias dá essa farinha?

Ela contou, recontou:

— Dá para uns quinze dias.

Então retruquei:

— Então dá para vinte e cinco, não é, filha?

Às vezes, na vida, o problema não é tão grande quanto achamos que é. Grande é o mar, é o céu, são as estrelas, são os planetas de Deus.

E, às vezes, vocês com irritação perdem a oportunidade de ver o tamanho exato das coisas. Nem tudo é tão grande, nem tudo é tão pequeno.

Tudo é do tamanho dos olhos do nosso coração.

35
Ensinar

"Na vida, só podemos emitir nossas ideias quando fomos solicitados, senão é melhor nos calarmos para não darmos opiniões sem fundamentos. Devemos respeitar quem nos ouve."

Pedro

Certa feita, Nosso Senhor Jesus, lá nas alturas, chamou todos os seus bons trabalhadores e falou assim:

— Eu os convoquei porque vocês irão à Terra ensinar os homens a esperar.

E lá se foram, todos felizes, porque quando alguém ganha um desafio, todos ficam felizes.

Tempos depois, foi chegando um de cada vez para falar com Jesus, todos cabisbaixos, com os corações apertados, envergonhados e perguntaram:

— Senhor, o que nós fizemos de errado? Fomos à Terra, ensinamos o que é esperar, ensinamos tudo, mas quando falamos que estávamos preparando a sua ida para lá, eles não quiseram saber, não se importaram conosco, eles queriam o Senhor.

Jesus ouviu e disse:

— Acalmem-se, vocês cumpriram suas missões! Se os homens não aprenderam a esperar, aprenderam outra coisa: a ter fé e a saber que, um dia, eu vou voltar. E essa minha volta se chama esperança. Meu filho, ninguém pode perder a fé. A esperança até se pode perder, mas viver a vida sem ela é igual a passar os dias amargurando o triste sabor da solidão.

Lembremo-nos de que Deus fez as lágrimas para os olhos brilharem mais. Porque enquanto os olhos choram, o coração tem que sorrir, porque devolvemos para o céu um pedacinho de paz. E Deus nos confirmou que esse pedacinho de paz mora dentro de nós mesmos.

36
Perseverança

"O silêncio é o mensageiro dos céus, e a nossa renovação não se inicia nos portais dos nossos corações, mas sim na nossa conversão."

Pedro

Lá no céu, um anjo se aproximou do Nosso Senhor Jesus e disse:

— Meu Senhor, não temos mais o que fazer. Eu mandei secar, o anjo da chuva mandou chover. Eu mandei o anjo da água da ribeira segurar as águas, mas os anjos dos rios se juntaram e criaram um oceano. Eu não sei mais o que fazer. Todo mundo continua reclamando...

Jesus ensinou:

— À Terra, para aprender cada coisa ao seu tempo, nosso Deus, concederá um ciclo, um período para cada coisa, semelhante às estações

— verão, primavera, outono e inverno. A vida de cada um dos filhos de Deus vai ter uma estação a ser vivida, para aprender a valorizar a outra que vem em seguida.

Um dia vai ser a estação das águas, do choro, todo mundo vai chorar porque vai sentir alguma coisa, alegria ou infelicidade.

Depois, vem a estação da seca, a hora do sorriso nos lábios ou do silêncio também, porque o silêncio ensina muito mais que as palavras.

Também vai ter a estação das doenças. E depois da doença, teremos a estação da saúde, que é de onde vem a consciência de deixar o errado lá para trás, para não adoecer de novo.

Depois vem a estação da falta de feijão na cuia para poder vir a bonança depois. E aí, depois com a cuia cheia, os homens aprenderão que colocando mais água na cuia, dá mais caldo e podem dividir com os demais. Mas, para tudo isso, os homens vão ter que aprender a voltar à Terra, nosso Deus vai dar uma coisa especial demais: a estrada da esperança.

A cada curva dela ou começo de uma nova estação, eu vou chamar de recomeço, para cada um saber que dentro do coração vai levar a fé. Mas a fé vai ter que caminhar feliz para suportar a lombada da vida. Cair de pé para poder caminhar um pouquinho mais. Porque no fim de cada tristeza, para quem tem esperança, vai ter sempre um recomeço, e um recomeço cheio de alegria. Portanto, perseverar é sempre o caminho que nos conduz a Deus e ao triunfo.

37
A lenda do trabalho

"O bom sofrer só é entendido quando a gente aprende a seguir a vida sem olhar para trás, sem sentir mágoa no coração."

Pedro

Eu estava velho demais... e muito doente.

Naquela noite, Mãezinha aproximou-se e disse:

— Não teremos o que comer daqui a dois dias. Além do mais, o leite terminará daqui a cinco dias. Daqui a dez dias não teremos roupas para colocar nas crianças. Não teremos água boa porque logo chegará uma enchente. Assim, não poderemos acolher mais ninguém.

Olhei para ela e disse:

— Filha, paciência! Não devemos nos preocupar em demasia pelo dia de amanhã.

Continuemos confiantes porque Jesus não nos abandonará. Escute esta história:

Certa feita, lá no céu, nas alturas, Nosso Senhor Jesus chamou os anjos e disse para eles irem à Terra para ensinar os homens a trabalhar e depois voltarem para narrar seus feitos.

Não se passaram cinco dias e os anjos retornaram. Jesus então perguntou por que voltaram sem ao menos ter chegado o momento da colheita.

Um anjo se antecipou e disse que ao falarem que os homens tinham de trabalhar, comprar a semente, escolher a terra e plantar, esperar a semente germinar para depois colher, simplesmente, disseram que não fariam isso. Reclamavam de dores, da qualidade da terra e da semente, diziam que não aguentariam o peso das sacas, outros afirmavam que não tinham tempo para esperar. Entre tantas reclamações e preocupações, eles resolveram voltar.

Jesus pediu para que voltassem e deixassem um saco de sementes para ser plantadas e, depois, retornassem.

Tempos depois, eles voltaram mais felizes e contaram para Jesus que a missão foi cumprida.

Quando os homens tinham dor, a terra foi escolhida. E, enquanto era escolhida, outros vinham para perto deles. Aí, os anjos perceberam que se fossem eles que plantassem e ensinassem o plantio, sem querer impor nada para ninguém, os homens iriam entendê-los. E assim foi. Os que não conseguiram entender foram embora.

Jesus explicou que a vinha do Pai é para todo mundo, mas nem todo mundo vai entender e quem não entender não é para ser odiado, é para ser esquecido, porque um dia voltará para Deus. Devemos esquecer para poder semear a terra, porque um dia quando eles estiverem bem, voltarão com paciência, sem preocupação e farão o melhor para si, para as coisas saírem bem. Então, mais maduros, encontrarão a luz interior através do trabalho, exemplo e resignação!

Depois de contar essa história, Mãezinha olhou para Pedro, e com os olhos cheios d'água disse:

— Não conseguimos mentir para você.

Respondi:

— Na vida mais vale uma verdade sofrida do que uma mentira escondida.

Mãezinha prosseguiu:

— Queríamos que você pedisse para o dono da fazenda mais uma vaquinha e quem sabe, você vendo que tudo estava acabando, pediria mais provisões para estocarmos para amanhã.

Então fiz essa colocação:

— Deus é sábio. Entre um dia e outro, Ele criou a noite que foi feita para nos ajudar a termos força para o outro dia, porque o que hoje não é bom, amanhã é esquecimento. Na vida, filha, só perdemos aquilo que não é nosso, porque o que é nosso não perdemos. E é assim, filha, que quando estivermos lá no céu, voando, Deus nos mandará voltar para a Terra, não se esqueça nunca disso. E quando estivermos na Terra por muito tempo, Deus vai nos mandar voar no céu de novo. Nem tanto o céu, nem tanto a Terra. Porque hoje possuímos tudo de que necessitamos para sermos felizes, portanto devemos viver um dia de cada vez.

38
Ouvir

"Como seria, se Deus, nosso Senhor, colocasse um rei sobre a Terra e não permitisse que ele conhecesse a cor do céu? Por isso, Jesus viveu entre os homens, sentiu suas dores, mas não perdeu a alegria de um dia ter visto o azul do céu..."

Pedro

Na vida, precisamos entender o momento que vivemos.

Acreditamos que o sofrimento nunca vai terminar. Uma coisa tão pequenina, às vezes, parece do tamanho do céu. Achamos que tudo é tão grande e que não temos o poder de ser feliz.

Vivemos tantos conflitos em nossas vidas. Olhamos para nós mesmos e queremos ser outra pessoa. Eu nunca entendi isso, porque sempre quis ser eu mesmo. Eu gostava de mim.

Nós não podemos ser outro, porque somos nós mesmos. É tão simples: somos nós mesmos e possuímos uma beleza que o outro não tem.

E muitos passam a vida cheios de dúvidas por que acreditam que nada está bom.

E foi assim que, certa vez, eu já velho demais, naquele entardecer, estava doente. Às vezes, na vida, queremos as coisas, mas as coisas não nos querem. Queremos a saúde e ela não pode atender ao nosso querer, porque tudo tem a hora certa. Mas em certas ocasiões ninguém se entende.

Temos que escutar o nosso coração. Assim, ouviremos o que Nosso Senhor nos fala, pois a palavra não pode ser conflito. Nos momentos de contenda, a melhor solução é o silêncio, para que os ouvidos possam ouvir os pensamentos, assim as mãos executam o que os pensamentos pensaram, porque não adianta pensar sem ação.

Na vinha de Nosso Senhor a maior beleza é saber ouvir e não entrar em conflito com aquilo que muitas vezes se dá tanto valor e que, em verdade, não tem valor algum. É hora de saber ouvir os motivos do conflito, da briga, da desordem e saber que na vida, importante é sair um pouco de cena, porque recuar não significa covardia, mas sim inteligência, para depois voltar vencedor. E voltar vencedor é decidir viver, pois o conflito tem o tamanho de nossos olhos, os olhos de quem vê.

39
Aguardar o tempo

"A paz, o amor e a liberdade estão dentro da nossa alma, se nós estivermos com Jesus de Nazaré."

Pedro

Certa feita, em uma noite estrelada na fazenda, eu e meus amigos Simeão, Mãezinha e Morena estávamos sentados em volta de uma fogueira, quando uma jovem, sobrinha do dono da fazenda, aproximou-se e chorando disse:

— Pedro, perdi a esperança. Todas as oportunidades foram tiradas de mim, entre elas, meu único filho. O Senhor me abandonou...

Consolei a jovem:

— Minha filha, a vida é feita de muitas oportunidades. Com elas podemos olhar para frente sem desanimar. Seu coração está cheio de dor. Seus pais morreram e você veio morar aqui.

Saiba que Deus tira um amor para dar cinco no lugar. Ele tira o chão para aprendermos a sentar em uma pedra, para olharmos as nuvens no céu, para ouvirmos o canto dos passarinhos. Quando fixamos nossas mentes em uma única coisa, a vida nos desvia daquilo e, se olharmos para a vida de modo diferente, tudo fica melhor de se ver.

Emocionada, segurou minhas mãos como quem suplica por ajuda. Enquanto as lágrimas lhe marcavam as faces, eu disse:

— Chora aqui em minhas mãos, como se as suas lágrimas caíssem como a chuva dos céus e trouxessem de volta a esperança ao seu coração aparentemente sem cor ou vida. Chora em minhas mãos, como se as lágrimas pudessem trazer de volta o canto doce, a esperança viva que não separa jamais o amor profundo dos nossos corações. Chora, como se a chuva do céu lhe transportasse às alturas e lhe trouxesse de volta ao chão sem lhe transformar em pedras duras, silêncio sem compaixão. Enquanto a morte lhe reclama o silêncio, recolhe no seu silêncio as palavras mais doces da expressão mais viva daquele que sofre confiante, mas que não se esquece jamais de que a glória de Deus se estabelece no novo começo. Chora, como todos os cantos dos céus, como os pássaros que voam, mas que voltam certeiros para os seus ninhos e que sabem devolver aos céus aquilo que não lhes pertence. Então, deixa o Senhor, o Senhor de Glória, recolher seu pranto, calar seus lábios e trazer de volta a esperança em suas mãos. Chora, mas chora confiante, porque quem morre, não morre. Porque quem morre, renasce, e quem renasce, reencarna em novas vidas, em novos corpos, e no silêncio de quem fica o que fica nada mais é do que o sonho brando de uma nova esperança.

Lembre-se de que continuar é necessário e não perca mais tempo chorando as perdas e não preencha seus pensamentos de pessimismo ou lamentações. Aguarde o tempo porque ele sempre traz surpresas que sempre motivam a vida para o melhor.

Guarde-se em Jesus porque Ele prometeu: "Eu nunca te deixarei, jamais te abandonarei."[6]

---

6 Nota do autor espiritual (Ferdinando): Paulo, Hebreus, 13:5.

40
Preconceito

"Todos nós carregamos uma doença: o preconceito de nós mesmos e dos outros também. E esse preconceito somente tem cura se tivermos calma... Para isso, é preciso termos coragem para reconhecer, para saber que podemos errar, entortar. Mas sempre temos chance de recomeçarmos."

Pedro

Às vezes, meus filhos, queremos todo o mundo...

Queremos a montanha noutro lugar;

Queremos o rio passando no fundo do quintal de nossa casa...

Às vezes, os moços querem as moças de outros, e as moças querem os moços de outras...

Às vezes, todos querem casas grandes... só pra viver em duas pessoas... para viver, e não se ver!

Às vezes, queremos as carroças boas e nos esquecemos de que Deus fala não! Isso para não colocar a morte perto de nós.

Às vezes, temos que aprender a romper o preconceito dentro de nosso coração, que está escondidinho — temos preconceito de nós mesmos.

Certa vez, chegou à fazenda uma menina, prima do dono daquelas terras. Tinha 12 anos, e eu estava para morrer. Essa menina veio com seu pai e sua mãe. Quando chegou, logo foi dando ordens para Simeão. Simeão olhou pra mim e disse:

— Isso não vai prestar, Pedro.

E Simeão deveria ainda cuidar da menina.

— Mas, Pedro, a menina é respondona. Tudo o que Morena faz não presta e não serve — disse Simeão.

Mãezinha disse a seguir:

— Deixa comigo que eu desentorto ela em dois dias.

Contudo, eu pedia paciência a todos.

Numa determinada noite, o dono da fazenda me disse:

— Pedro, nunca me arrependi de nada em minha vida, mas agora me arrependi sim de trazer essa menina pra cá... Ela reclama de todos... até os cachorros querem avançar nela!

Eu disse:

— Calma, calma, meu filho!

Numa manhã, a menina resolveu ir sozinha para pegar um cavalo. Eu a aconselhei de que era melhor não, e era para ter cuidado.

A menina olhando pra mim disse:

— Cuidado? Quem é você para falar assim comigo? Eu sei montar muito bem!

Eu respondi:

— Eu sou alguém que mesmo que você me odeie, eu vou amá-la sempre.

À noite, enquanto eu estava sentado num tamborete, apareceu o pai, a mãe da menina e o dono da fazenda.

— Pedro, ela se embrenhou no mato. Só você pode nos ajudar. Só você conhece esses matos — falou desesperadamente o pai.

A mãe disse a mim:

— Eu dei mimo demais a ela. Porque ela não é do meu sangue. Eu dei pra ela tudo o que queria para que ela não sofresse e acho que ela foi escrava disso.

— Tudo que estragamos tem conserto. Nosso Senhor Jesus Cristo conserta tudo — disse.

E lá fomos eu e Simeão para o mato, pois somente nós conhecíamos a região como ninguém. Passamos a noite todinha procurando a menina e quando a achamos, ela parecia uma cotoviazinha sozinha, perdida, miudinha...

Fui chegando devagarzinho e acarinhando ela, disse:

— Eu vim pra lhe resgatar!

Ela se aconchegou a mim.

— Por que você fez isso, menina? — perguntei.

— Pedro, porque você foi o primeiro que disse que ia me amar como sou. Eu sei que não sou filha de sangue de minha mãe...

E eu disse:

— Filha, perdoa. Só o amor pode perdoar. Você tem o mundo pra viver. Você é como os pássaros do céu, como os peixinhos da água (de manhã, vou levá-la para vê-los). Você pode não ter o mesmo sangue de sua mãe, mas é filha do coração. Você foi escolhida para ser amada.

— Mas agora, Pedro, ninguém mais vai gostar de mim — retrucou a menina.

Voltei a dizer:

— Não, não, minha filha!

Ela voltou e todos ficaram com preconceito contra a menina, mas auxiliei a quebrar o preconceito. Porém, passando cinco dias, eu adoeci e estava para morrer.

A menina apegou-se a Simeão e aonde um ia, o outro estava. Eu morri e ela permaneceu na fazenda.

Todos nós carregamos uma doença: o preconceito de nós mesmos e dos outros também. E esse preconceito somente tem cura se tivermos calma... Para isso, é preciso termos coragem para reconhecer, para saber que podemos errar e entortar. Mas sempre temos chance de recomeçarmos.

41
Coragem

"Só é escravo quem tem a mente cativa, mas quem tem o coração livre não é escravo."

Pedro

Senhor Deus! Bendito seja o Seu nome entre todas as civilizações, entre os povos, entre os corações que me escutam nesse instante.

Permita-nos, Senhor, avançar os portais do tempo sem que nos esqueçamos de nós, sem olharmos para trás, culpando-nos ou cheios de remorso, mas olharmos para o futuro conscientes de que o Senhor nos reserva sempre o melhor: o melhor caminho, a melhor morada. E, é por isso, que lhe suplicamos, Senhor Amado, coragem.

Coragem para assumirmos nossas deficiências, para modificarmos os nossos atos obscuros, para tentarmos melhorar, para amarmos sem fronteiras, para construirmos com razão, para crescermos em direção aos céus e para semearmos a mansuetude do cristianismo seu. Coragem, Senhor, para lhe suplicarmos paciência. Paciência porque somos imperfeitos. E nessa imperfeição necessitamos de Sua compreensão e compaixão. E, é por isso, Mestre Amado, que deixamos em suas mãos as nossas mais puras impressões, sendo elas alavancadas pelos nossos corações.

42
As estrelas do céu

"Na vida, só fica perto de nós quem nos ama.
E quem nós amamos também têm a hora de dizer até breve."

Pedro

Certa feita, eu estava na fazenda, velho demais e tinha um cachorro que também era muito velho. Comecei a admirá-lo, quando o doutor Saul, em espírito, sentou-se ao meu lado e disse:

— Pedro, está na hora deste cachorro morrer.

E eu implorava:

— Mas, doutor Saul, peça a Deus para que deixe o meu amigo comigo por mais algum tempo. Eu gosto tanto dele.

Mas, em uma noite, o meu cachorrinho estava encostado no meu pé e quando me olhou, lá se foi.

Meu amigo Simeão começou a chorar. Morena e Mãezinha também se aproximaram e choraram. Mas eu estava feliz. E todo mundo me perguntava: "Mas Pedro, não era você que rezava para ele ficar mais um pouco?" Então olhei para todos e respondi:

— Sabe por que estou tão feliz? Porque na vida só fica perto de nós quem nos ama. E quem nós amamos também tem a hora de dizer até breve.

Então, quando chega a hora de dizer até breve, temos que entender que é um suspiro. Porque lá na frente, nós vamos nos encontrar. E se eu não vir mais o meu cachorro, se ele nascer de novo, não tem importância. Porque quando nossos amores morrem, eles viram estrelas, que ficam no céu olhando para nós. A morte não existe. E se quisermos ver todos os nossos amores é só olhar para o céu, que eles estarão olhando para nós.

43
A verdadeira riqueza

"Eu não estou feliz com um pedaço de papel porque o mais importante é a vida."

Pedro

Quando eu estava na fazenda, todos chegavam a mim e diziam: "Pedro, eu vou lhe alforriar!".

Eu ganhava um monte de papel e nem sabia para que serviam. E todas as alforrias que ganhava, eu dava para as pessoas.

Um dia, eu estava sentado num tamborete e o dono da fazenda se aproximou repleto de felicidade:

— Pedro, você não vai mais morrer escravo, por que eu vou alforriá-lo. Toma aqui a alforria.

Eu olhei para aquilo e disse:

— Meu filho, o que eu vou fazer com isso? Ainda mais um velho como eu.

O dono da fazenda tentou me explicar:

— Olha o seu nome aqui, Pedro. Você não está feliz?

Então, disse ao dono da fazenda:

— Filho, eu não estou feliz com um pedaço de papel porque o mais importante é a vida.

Quando me ofereciam um pedaço de terra, eu falava: "para que eu quero um pedaço de terra se eu tenho os bolsos". Eu enchia os bolsos de terra e sempre que queria sentir o cheirinho da terra, era só colocar a mão no bolso.

Para que eu queria um jardim se eu podia plantar margarida por todos os canteiros?

Para que eu queria um teto se eu gostava de dormir olhando para as estrelas? Pois é, lá é que estão os meus amores.

Para que eu queria chinelos se eu podia andar com os pés no chão?

Eu só tinha uma camisa. Morena e Mãezinha brigavam comigo sempre quando tinha de tirá-la para lavá-la no rio.

Para que eu queria tudo isso se eu sou feliz com os bolsos cheios de terra e com o amor de vocês. Isso é para mim toda a riqueza que eu poderia ter.

44
A direção do vento

"... do mesmo jeito que o vento sopra para fora, ele sopra para dentro."

Pedro

Certa feita, uma moça chorosa sentou-se num tamborete e falou assim:

— Pedro, não olha por mim não, mas pelos meus filhos.

Ela não sabia se os filhos iriam se tornar escravos, onde estavam, ou se iriam ser vendidos. Era um choro que saía de dentro da barriga.

Eu falei:

— Filha, do mesmo jeito que o vento sopra para fora, ele sopra para dentro. E o que é seu volta no vento, filha.

Passaram-se dois dias e o dono da fazenda falou:

— Pedro, esse escravo menino ninguém quer.
Eu falei:

— Eu quero, filho, deixa ele comigo que eu estou velho demais e ele pode trabalhar lá no fundo comigo.

Ele disse que eu podia fazer o quisesse com ele.

Aí, eu peguei aquele escravinho, que era alto, aliás, todo mundo era maior que eu, e lá fui eu. E a moça continuava no tamborete chorando, chorando... e, aí, eu falei, filha, o mesmo vento que sopra para frente é o mesmo vento que sopra para trás, olha aqui seu *fio* de volta.

45
As vaquinhas

"O que é nosso é nosso, o que é dos outros é dos outros e, nós só perdemos na vida aquilo que não é nosso."

Pedro

Quando eu estava assim, bem velho, na fazenda, eu era tão velho, que, às vezes, eu olhava para o chão para caçar minha sombra e eu já não a via mais, porque ela já tinha morrido. Meu coração não batia, ele ciciava. E, lá estava eu sentado na beira do rio, e vem uma moça.

— Pedro, acuda, Pedro.

Eu falei:

— Filha, o que foi?

— Vem comigo, Pedro, vem comigo que Mãezinha está chamando. Vem rápido!

Eu andando na minha velocidade e ela:

— Pedro, você está demorando muito.

Mas eu cheguei e lá estava Mãezinha:

— Pedro, você não sabe o que aconteceu. Sabe as vaquinhas do fundo do meu quintal? As minhas três vaquinhas que eu ganhei, Pedro, não é que levaram elas embora e prenderam lá para cima!

E ela continuou:

— Você tem que ir lá buscar minhas vacas, Pedro.

E por que eu, filha?

— Porque sem as vacas não tenho leite e eu sem leite não cuido dos meninos nas puxadas.

Eu olhei para Mãezinha e falei:

— Mãezinha, mas as vacas nem eram suas.

— Não, Pedro, eu as peguei emprestadas, mas eu ia devolver. Como é que eu vou devolvê-las se não tenho mais as vacas?

Eu falei que iria lá em cima falar com os moços. Eu cheguei à noite, e lá estava o dono da outra fazenda.

— Ô, Pedro, o que você veio fazer aqui?

Eu expliquei:

— Meu filho, é que as vacas lá de baixo subiram a montanha e pararam dentro do seu quintal, essas vacas não têm jeito mesmo, nós as prendemos, mais elas sobem.

— Não, Pedro, elas vieram porque eu fui buscá-las.

— Não, filho, as vacas vieram porque elas quiseram.

Ele olhou pra mim com os olhos grandes.

— Mas, Pedro, eu fui buscar as vacas, eu que as peguei, e você está falando que elas vieram. Você ficou doido?

Falei para ele que na nossa vida nós só perdemos aquilo que não é nosso. Porque aquilo que é nosso volta direitinho para o lugar de onde é. Disse também que queria me desculpar, por que as vacas, que não eram nossas, desceram as montanhas, mas elas voltaram para onde tinham que está, porque eram dele.

— Eu estou feliz por que elas encontraram o caminho certinho. Mãezinha estava comigo e ficou brava, que só pra Jesus.

— Pedro, você tinha que ser anjo aqui e agora? Não podia deixar para se amanhã?

E nós voltamos e Mãezinha falando nos meus ouvidos. Quando eu cheguei, depois de um tempo, lá vem o dono da fazenda com duas vacas.

Olhou para mim e falou:

— Pedro, quando eu vi você dando as costas pra mim, eu não aguentei. Eu vim lhe dar duas vaquinhas de presente. Fiquei com uma, mas, essas duas dão para você manter aí as coisas. Essas são suas, Pedro.

E aí eu olhei para o moço e falei:

— Mas, meu filho, o que é que vou fazer com duas vacas?

Mas não deu demorou muito e Mãezinha falou que ele podia deixar as vacas onde estavam.

Aí, o moço saiu feliz. Porque, meus filhos, o que é nosso é nosso; o que é dos outros é dos outros e, nós só perdemos na vida aquilo que não é nosso.

46
Fruto da esperança

"A esperança a gente até perde, mas a fé, nunca."

Pedro

Quando eu estava na fazenda, às vezes, nós olhávamos a plantação de milho e não tínhamos esperança de nascer uma espiguinha, que o sol estava ali firme e forte. E o dono da fazenda chegava para mim e falava.

— Pedro, você acha mesmo que vai vingar milho nesse campo seco?

Eu falava:

— Vai sim, vai sim.

E ele retrucava:

— Você está ficando louco, Pedro.

Eu respondia:

— Estou não, filho, eu sei que daqui vai dar semente. Se não der uma espiga de corte, vai dar espiga de semente. No dia seguinte choveu, no outro, também, e o milharal estava que não tinha escravo que pudesse cortar as espigas.

E lá vem o dono da fazenda com um sorriso de orelha a orelha:

— Pedro, o que você fez? Não tinha esperanças com essa plantação.

Eu falava assim:

— Filho, a esperança Deus deu pra nós perdermos, certo? Por isso que você perdeu a esperança. Mas eu não perdi minha fé, porque eu sabia que aquele milho ia se curar e Deus ia chorar nele, e depois nós iríamos colhê-lo. Isso é o fruto da esperança, entendeu? Eu estou ficando louco? Bora lá, colher o milho.

47
Chacoalhada na vida

"Às vezes, na vida, quando as águas estão muito calmas, a gente joga uma pedra para as águas se moverem, certo?"

Pedro

Quando eu estava na fazenda, eu gostava muito de fazer duas coisas:

Uma era deitar no meio do mato para olhar o céu e ficar vendo as nuvens. Elas eram muito inquietas e eu sempre tive vontade de pegar numa nuvem.

A outra era colocar meus pés na água calma, mas toda vez que eu estava sentado com os pés na água, lá vinha Simeão e jogava um galho no rio e a água ficava cheia de ondas.

Eu falava:

— Simeão, pra quê mexer na água?

— É que eu quero ver as ondas, Pedro.

E toda vez que eu estava lá ele fazia isso.

Teve um dia que, quando ele chegou, e já ia jogar o galho, eu joguei primeiro que ele.

Ele olhou para mim e disse:

— Mas, Pedro, eu é que jogo os galhos e você que molha os pés. Sempre foi assim...

Eu respondi:

— Filho, nós temos que entender a hora de molhar o pé, a hora de não fazer nada e a hora de mexer com a água.

Assim é com a nossa vida. Às vezes, temos que ficar quietos; às vezes, só dar uma mexidinha; mas, às vezes, temos que dar uma boa chacoalhada nela.

48
Só olhar

"Às vezes, nossas respostas estão no céu.
Então, é para lá que temos que olhar."

Pedro

Certa feita, todo mundo achava que tinha me perdido.

Eu estava velho demais e todo mundo falava muito, e, às vezes, todo mundo falando junto parecia uma zoada nos meus ouvidos.

E aí, numa noite, meu cachorro se perdeu e lá fui eu procurá-lo. Eu parei ali no portão da fazenda e estava quietinho olhando para o céu, e aí, todo mundo me procurando, procurando, lá vem Mãezinha e fala:

— Pedro, o que você está fazendo aqui, velho? Está todo mundo com os miolos soltos atrás de você.

E eu falei para aquela filha assim:

— Filha, eu estou só olhando.

– Mas olhando o que, velho Pedro?

Eu respondi:

— As estrelas do céu, filha. Porque na vida, às vezes, nós temos que parar de fazer tudo e só olhar.

49
Anjo de Deus

"Quando nós sabemos dividir, Deus dá sempre mais."

Pedro

Em uma noite, já muito velho, eu estava sentado em um tamborete. Todo mundo reclamando que a colheita não foi boa, que faltava água para os bois beberem, que a terra não dava nada, que tudo estava de um jeito que "só pra Jesus"...

Eu sentado no tamborete e lá vem a Mãezinha:

— Pedro, por Jesus, não tem mais o que dar de comer para as crianças lá nas puxadas. Tem criança morrendo de fome... Pedro, cadê Deus? Onde está o seu Deus, Pedro? Onde está o seu Deus que deixa faltar comida às crianças que você recolheu com a luz da lua? O que vou fazer sem ter leite? Elas morrem, duas a três por dia. Lá embaixo, mais perto do rio, o gado que eu peguei emprestado, já morreram cinco cabeças e não sobra nada além da tristeza dentro do meu coração. A terra é seca e nada dá. O desespero me dá tanto sofrimento que, em dez dias, o que me sobra, com Morena, é enterrar aquilo que ficou para trás, as lágrimas que caem dos olhos sem saber o que fazer. Lembro daquilo que aprendi e hoje é tão forte dizer, será que Deus existe?

Eu olhei para a Mãezinha e falei assim:

— Filha, às vezes, na vida, a noite é mais comprida; às vezes, na vida, nós olhamos além para ver a poeira; às vezes, na vida, nós só vemos a dor do tronco; às vezes, na vida, a gente só conta as feridas do lombo: às vezes, na vida, nós passamos o tempo todo olhando para trás; Mas, filha, não tem sofrimento que dure mais que um dia, porque Deus coloca sempre a noite para a gente repousar e descansar a cabeça, e, se hoje não temos nada nas mãos, a saúde foi embora, vem sempre um anjo de Deus colocar em nossas mãos aquilo de que precisamos.

Deus está onde deve estar, dentro de cada um de nós.

Enquanto achamos que Ele não olha por nós, Ele não está ouvindo nossas reclamações porque Ele sabe do que precisamos. Por isso, filha, não reclame, se Deus pediu para voltar para suas mãos vinte ou trinta meninos, a nós cabe cavar as covas e orar a Deus. Se Deus pediu para os boizinhos voltarem para Ele, nós só temos que guardar os boizinhos na terra e esperar; se a terra está sofrida e seca, nós não temos que bater nela com a enxada até ela sangrar. Terra seca tem de descansar. Se o estômago está vazio de fome, um anjo de Deus desce lá de cima, e amanhã nós vamos ter o que comer, e ter força nos braços para enterrar os filhos de Deus, se nós não perdermos a fé. Por isso, filha, não conte o que passou, olha o que nós temos agora.

Ela olhava para mim com os olhos grandes, chorando, e eu falava:

— Vem aqui, minha filha, nesse momento eu não tenho nem um pão no meu bolso, (ela costumava colocar pão nos meus bolsos), mas eu tenho o meu colo para lhe dar, venha chorar no meu colo, filha. Ela se ajoelhou, me abraçou e chorou, chorou.

À noite, o dono da fazenda chegou e me falou:

— Deixei lá em cima cinco sacos de fubá para você dar aí para todo mundo.

Mais tarde chegou o vizinho e falou:

— Pedro, eu soube que as crianças que você pegou estão todas morrendo, então eu vim trazer, para você, vinte litros de leite.

Um pouco mais tarde, na mesma noite, o dono de outra fazenda lá perto do rio chegou e falou:

— Eu soube que morreram cinco bois de vocês, que eram os bois e as vacas que vocês tinham aí, então eu trouxe dez vaquinhas de leite.

Mais tarde ainda, chegaram umas moças e trouxeram roupas para as crianças.

E assim, eu passei a noite toda recebendo coisas que as pessoas traziam e eu olhava para tudo e falava, meu Deus, o que eu vou fazer com tudo isso?

Mãezinha chegou perto de mim e falou assim:

— Pedro, eu descobri quem é o anjo de Deus. É você, Pedro.

Eu falei:

— Sou eu não, filha, é que quando nós temos fé, tudo que é nosso chega na hora certa, por isso, filha, leve as vacas, vá dar de comer para todos e divida com o dono da fazenda também, porque quando nós sabemos dividir, Deus dá sempre mais.

Na vida, Deus sempre manda um anjo quando nós nunca esperamos.

50
Seja bem-vindo, Pedro

"O passado sombrio, no presente, se reestabelece auxiliando na construção de um futuro perfeito."

Pedro

Quando eu retornei para minha verdadeira morada, após ter vivido demais, um amigo chamado Daniel, abraçou-me e envolvido por intensa luz superior, disse-me:

— Muitas vezes, nas trajetórias individuais dos filhos de Deus, comum se faz encontrarmos esses mesmos filhos cheios de dúvidas, perguntas ao Senhor, escolhas e caminhos e, muitas vezes, inseguros, olham para os céus e dizem que não se sentem preparados para continuar a viver. Comparam-se com outras criaturas com maior sucesso, se comparam às criaturas com maior insucesso.

E assim, diante do Senhor, colocam-se como corações enfermiços, com a mente cansada e os sentimentos difusos. Sem saber quais as suas estradas, perdem-se entre os vales de suas próprias inseguranças. E se esquecem de que o momento agora é o de partir.

Partir, não no sentido da morte, mas deixar partir o passado para recomeçar no presente uma nova existência.

Deixar partir sonhos velhos, conceitos e valores antigos, dando lugar às novas descobertas, aos novos segmentos da vida, às novas criaturas que se aproximarão.

Deixar partir aquelas que já partiram, pessoas vivas que, muitas vezes, se transformam em fantasmas nas mentes humanas.

Deixar partir porque elas também necessitavam de outras experiências, de outras escolas para seus próprios crescimentos.

Deixar partir as sombras, porque a luz se faz necessária para iluminar os caminhos, sedimentar os corações, vibrando numa frequência de alto valor, trazendo a Deus a certeza de nossa própria transformação.

Deixar partir as sombras para que a luz se estabeleça, dando lugar à exatidão, à mansuetude e à transformação.

Aceitar a diversidade deixando que o convívio equilibrado possa fazer com que o amor seja soberano a qualquer preconceito.

É importante observarmos que o Nosso Senhor Deus não coloca em testemunho os filhos frágeis. Todos nós somos soldados, no nosso interior somos fortalezas. Homens e mulheres fortalezas de Deus preparados para modificar o agora.

Todavia, é importante observarmos as causas de nossas divergências, porque hoje se transforma o amor em tanta agressividade, porque Deus deita sobre os braços de mulheres filhos para silenciar as suas angústias e apaziguar seus corações.

E, muitas vezes, por coisas tão mínimas, alianças se desfazem. Casas que foram construídas sobre alicerces de amor se transformam em territórios de guerra e, muitas vezes, nessa guerra, se fazem ali soldados do mal.

Somos todos nós soldados do bem. Mas para modificarmos o que somos é necessário deixar partir sentimentos e pensamentos antigos, mágoas que hoje tomam conta do coração desses mesmos corações que suplicam ao Senhor por um novo amor. Como um novo amor se aproximará de um coração que hoje é repleto de remorso, de mágoa e de ódio?

Não olhemos mais os defeitos alheios nem nos comparemos com aqueles que estão ao nosso lado.

Também não nos comparemos aos insucessos alheios porque todo relacionamento é produto de muito esforço e de muita tolerância. Ninguém atravessa os portais da vida ou da morte sem ser testado em sua fé.

Muitas vezes, aquilo que parece hoje um sofrimento sem fim são vidas e vidas se preparando para encontrar uma nova porta para seguir.

Nada acontece ao acaso e somos todos nós chamados a uma renovação.

O Nosso Senhor não atribui sofrimentos a um ou a outro de maneira casuística, atribui a necessidade de transformação a cada um.

E, é por isso, que atravessamos o tempo vencendo todos os obstáculos desse tempo, chegando ao presente para alertar somente que tudo é produto do esforço individual de cada filho de Deus.

Todavia, ninguém vai só. Ninguém caminha pelas estradas, seja da alegria ou do sofrimento, sozinho. Somos nós aqueles que caminham de mãos dadas impulsionando os filhos de Deus para uma vida melhor, uma vida renovada, uma vida cheia de luz.

Tenhamos coragem de nos modificar, tenhamos coragem de ser diferentes porque a diferença constrói e, muitas vezes, a igualdade estagna.

E, é por isso, que o Nosso Senhor nos chama para não observarmos mais os defeitos alheios porque também somos detentores de defeitos milenares. E se estamos hoje reunidos na mesma esfera, seja do corpo ou não, como eu, façamos as nossas mentes se libertarem de nós mesmos e olharmos sobre a força de Deus a certeza de que podemos nos transformar. E, é por isso, que todos nós, vencendo os obstáculos mais simples da vida, nos encontramos diante de Deus para simplesmente recomeçar.

Daniel voltou a me abraçar e me deu as boas-vindas:

— Por tudo que você viveu demais, sentiu, trabalhou e amou, seja bem-vindo, Pedro.

Encarte

Para contribuir com os estudos referentes à escravidão e libertação dos escravos no Brasil, ao revisar este livro, encontramos grande número de obras espíritas e não espíritas a respeito deste tema.

Entretanto, nos deparamos com uma matéria publicada no jornal *Correio Espírita,* em maio de 2008, a qual foi o resultado de uma pesquisa ao longo de dois anos realizada pelo jornalista Marcelo José e a equipe do jornal.

Com autorização dos responsáveis pelo *Correio Espírita* e pelo jornalista autor do trabalho, publicamos este encarte que mescla história, ciência e, sobretudo a visão espírita de uma época vivida no Brasil.

Todas as passagens desta matéria jornalística são fundamentadas em documentos históricos disponíveis no Museu Imperial de Petrópolis – RJ e no Arquivo Nacional do Rio de Janeiro, assim como em obras espíritas reconhecidas como *Brasil Coração do Mundo, Pátria do Evangelho,* pelo espírito Humberto de Campos, psicografado por Francisco Cândido Xavier.

Gilvanize Balbino

A preparação da abolição da escravatura no plano espiritual
A missão da Princesa Isabel

foto da Princesa Isabel, Joaquim Insley Pacheco, 1870

Isabel Cristina Leopoldina Augusta Miguela Gabriela Rafaela Gonzaga de Bragança e Bourbon veio ao mundo com a sua tarefa no trabalho abençoado da Abolição da Escravatura. Mas, todo o andamento do processo já vinha sido delineado pelas falanges de Ismael, que procuravam dirigir os movimentos republicanos e abolicionistas com alta serenidade e prudência, com o propósito de evitar conflitos. O momento de iniciar o cumprimento do que estava estabelecido no plano espiritual partiu do próprio Mestre Jesus, segundo Humberto de Campos, no livro *Brasil Coração do Mundo, Pátria do Evangelho,* psicografado por Francisco Cândido Xavier:

— Ismael, o sonho da liberdade de todos os cativos deverá concretizar-se agora, sem perda de tempo. Prepararás todos os corações, a fim de que as nuvens sanguinolentas não marquem o solo abençoado da região do Cruzeiro. Todos os emissários celestes deverão conjugar esforços nesse propósito e, em breve, teremos a emancipação de todos os que sofrem os duros trabalhos do cativeiro na terra bendita do Brasil — disse o Mestre Jesus.

A articulação de Ismael

Com a concordância de Jesus, Ismael começou a articular o que viria a ser o fim da escravidão no Brasil. Sob a influência dos mentores invisíveis da pátria, D. Pedro II foi afastado do trono no início de 1888. Com isso, a Princesa Isabel, que já havia sancionado a Lei do Ventre Livre em 1871 — lei que garantia a liberdade aos filhos dos escravos — assumia a regência. Sob a inspiração de Jesus, Isabel escolhe o senador João Alfredo para organizar o novo ministério, que seria formado por notáveis espíritos ali encarnados. Em 13 de maio de 1888, os abolicionistas redigiram a proposta de lei, que Isabel, cercada de entidades angelicais e misericordiosas, sancionou sem hesitar.

Espíritos festejam a redenção

No livro *Brasil Coração do Mundo, Pátria do Evangelho*, de Humberto de Campos, através das mãos límpidas de Chico Xavier, relata a comemoração do plano espiritual naquela noite de domingo.

— Neste dia inesquecível, toda uma onda de claridades compassivas descia dos céus sobre as vastidões do Norte e Sul da pátria do Evangelho. Ao Rio de Janeiro afluem multidões de seres invisíveis, que se associam às grandiosas solenidades da abolição. Junto ao espírito magnânimo da Princesa, permanecia Ismael com a bênção da sua generosa e tocante alegria. Enquanto se entoavam hosanas de amor no grupo Ismael e a Princesa Imperial sentia, na sua grande alma, as comoções mais ternas e mais doces, os pobres e os sofredores, recebendo a generosa dádiva do céu, iam reunir-se nas asas cariciosas do sono, aos seus companheiros da imensidade, levando às alturas o preito do seu reconhecimento a Jesus que, com sua misericórdia infinita, lhes outorgara a carta de alforria, incorporando-se, para sempre, ao organismo social da pátria generosa de seus sublimes ensinamentos.

Mil tronos daria pela liberdade dos escravos do Brasil

A abolição da escravatura ocorreu através da Lei Áurea, assinada em 13 de maio de 1888. A Princesa Isabel usou uma pena de ouro especialmente confeccionada para a ocasião e recebeu aclamação do povo do Rio de Janeiro. Mas a elite

foto do Barão de Cotegipe, 1869: reprodução de banco de imagens da internet, s/d

cafeeira não aceitava a abolição. Em 28 de setembro de 1888, a Redentora foi congratulada com a comenda "Rosa de Ouro", oferecida pelo Papa Leão XIII.

João Maurício Wanderley (1815 – 1889), o Barão de Cotegipe, ao cumprimentar a Princesa alfinetou: "Vossa Alteza libertou uma raça, mas perdeu o trono." Pouco mais de um ano depois, Isabel veria a monarquia no Brasil ser extinta. Lembrando-se da profecia de Cotegipe, declarou: "Mil tronos eu tivesse, mil tronos eu daria para libertar os escravos do Brasil." A complacência da Princesa era tão grande que documentos recentemente descobertos revelam que a Alteza estudou indenizar os ex-escravos com recursos do Banco Mauá.

Autobiografia mostra a procura por algo mais

Na carta manuscrita em francês intitulada "Alegrias e Tristezas" — em poder do Museu Imperial (Petrópolis-RJ) — a Princesa Isabel retrata, singelamente, os episódios de sua vida. Neste documento autobiográfico, com a estimativa de ter sido escrito em 1905 e que foi conservado até pouco tempo no Castelo D'Eu na França, Isabel demonstra o seu alto grau de espiritualidade, principalmente no trecho em que diz: "A morte de minha irmã e a perda de minha primeira filha, morta ao nascer, a 28 de julho de 1874, foram meus únicos desgostos durante 44 anos! Na tendência que Deus me deu de procurá-lo em tudo, eu indagava por vezes (apesar dessas duas grandes infelicidades) se era bastante digna de Seu amor, para que não me experimentasse com mais frequência. Aparentemente, não era obstante forte para suportar ainda mais. Queria ele levar-me pelo caminho da consolação e da graça que muito influiu sobre meu caráter?! Nada posso dizer.

As provações vieram mais tarde, mas minha alma se volta para o criador para agradecer-lhe toda a felicidade que ainda me deixa neste mundo, na expectativa de que, segundo espero, me dará no outro".

Constituição do Império do Brasil de 1824

Os primeiros fenômenos de Hydesville, nos Estados Unidos, só ocorreram em 1848. Mas a aceitação pela doutrina espírita no Brasil viria a ser dificultada através da 1ª Constituição Brasileira em 1824, que ficaria em vigor até 1891. O estado adotava o catolicismo como religião oficial, segundo o Artigo 5º: A Religião Católica Apostólica Romana continuará a ser a religião do Império. Todas as outras religiões serão permitidas com o seu culto doméstico, ou particular, em casas para isso destinadas, sem forma alguma exterior de templo.

Quem é meu espírito protetor?

foto do Barão de Santo Ângelo: Enciclopédia Itaú Cultura, s/d

O arquiteto, professor de desenho, poeta, crítico e historiador de arte, Manuel de Araújo Porto-Alegre (Barão de Santo Ângelo), era muito ligado à Família Imperial, chegando a ser diplomata em vários países. Possuía também um alto grau de espiritualidade. Em 25 de dezembro 1865, estava em Dresda, na Alemanha, onde escreveu uma carta para o escritor Joaquim Manuel de Macedo (Autor de *A Moreninha*), que mais tarde viria a ser o professor dos filhos da Princesa Isabel. Dentre vários assuntos, o Barão de Santo Ângelo comunicou a Joaquim que a Princesa havia lhe perguntado "Quem seria o espírito protetor dela".

Carta revela o espírito protetor da princesa

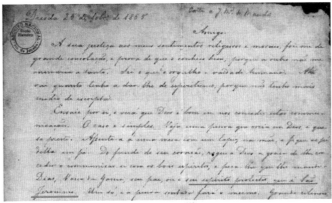

foto: Arquivo Nacional, Rio de Janeiro, s/d

Foto do doutor Bezerra de Menezes é encontrada nos pertences da Princesa

foto: Academia Nacional de Medicina, s/d

Dentre as centenas de fotos protocoladas no arquivo histórico do Museu Imperial de Petrópolis (RJ), uma chamou a atenção da reportagem do *Correio Espírita*. Feita por Alberto Henschel, que era fotógrafo oficial da família imperial, a imagem está catalogada no "Livro dos Titulares", que corresponde aos deputados provinciais da época.

Não me chamem de Princesa

Isabel nunca escondeu a humildade enquanto esteve encarnada. Agora desencarnada, ela continua o seu trabalho de resgate dos escravos que ainda estão presos e amordaçados espiritualmente. Mas, em uma psicofonia recebida no dia 3 de dezembro de 2001, por um grupo de estudos formado por médiuns diversos, inclusive do GEIR, Grupo Espírita Izabel e Redentora em um local específico — Rua Guandu, 146, Teresópolis, RJ - Isabel pede para que não a chamem mais de Princesa:

"Onde houver um ser humilhado ele é meu filho onde estiver para aconchegá-lo. Junto com irmãos maior esperança na tarefa aprendo a amar, ajudar a reerguer. Estamos também na guerra porque a escravidão não tem limites: a escravidão econômica, política, ideológica. Pedimos que parem as indústrias da guerra. Pedimos que invistam em remédios e vacinas. Parem de enviar dinheiro para financiar mentes doentes com o mal. Parem com as humilhações. Não humilhem a mais ninguém. Que o senhor os abençoe. Não me chamem de Princesa no Lar de Isabel."

Ainda sobre as pesquisas que cercaram este livro sobre escravidão e a libertação dos escravos no Brasil, selecionamos algumas reflexões sobre o racismo na visão espírita.

• *O Livro dos Espíritos* – Allan Kardec

"Questão 829: Haverá homens que estejam, por natureza, destinados a ser propriedades de outros homens?

É contrária à lei de Deus toda sujeição absoluta de um homem a outro homem. A escravidão é um abuso da força. Desaparece com o progresso, como gradativamente desaparecerão todos os abusos."

• Livro *O Consolador* — Espírito: Emmanuel — Psicografado por: Francisco Cândido Xavier — Editora FEB — Federação Espírita Brasileira

"62 - Como devemos encarar a política do racismo?

Se é justo observarmos nas pátrias o agrupamento de múltiplas coletividades, pelos laços afins da educação e do sentimento, a política do racismo deve ser encarada como erro grave, que pretexto algum justifica, porquanto não pode apresentar base séria nas suas alegações, que mal encobrem o propósito nefasto de tirania e separatividade."

• Livro *Caminhos da Vida* — ditado pelo Espírito: Cornélio Pires — Psicografado por: Francisco Cândido Xavier — São Paulo: Editora CEU, 1996

"RACISMO
Não fales e nem escrevas
Algo que fira ou degrade;
Racismo é uma chaga aberta
No corpo da Humanidade"

Esta página foi encontrada nos pertences do senhor José Gonçalves Sosinho Filho, vice-presidente do GEFFA (Grupo Espírita Fraternidade Francisco de Assis), localizado no Bairro do Cachambi no Rio de Janeiro.

Respeitado trabalhador e divulgador do espiritismo ao longo de sua encarnação. Retornou à pátria espiritual em 27/08/2006.

Aqui segue a linda reflexão escrita em vida por este respeitável tarefeiro do Senhor.

Libertação

"Já meditaram os diletos amigos, sobre o que representará esta nação querida no cenário do mundo, quando o povo se libertar completamente de hábitos negativos e superstições?

Já observaram que, mesmo envolto pelas emanações nocivas o processo de nosso de pátria é enorme?

Ontem o Brasil era dominado pelo regime cruel da escravidão do homem pelo próprio homem. Vieram mestres de alta sabedoria e assinaram a sublime Lei Áurea. Hoje, o cárcere é mais sombrio, porque escraviza a mente e o espírito.

Máquina desagregadora aconselha, sugere, conduz as vítimas a ambientes contaminados que enfraquecem corpos e mentes.

Resíduos tóxicos afligem as famílias brasileiras. Idealistas sinceros já concluíram: dentro em pouco surgirá novo e abençoado treze de maio, retirando de nossa gloriosa bandeira a nódoa ofensiva.

Os libertadores de ontem permanecem a nosso lado. E prosseguimos, discretamente, mais firmes em um ideal que é símbolo de amor e paz. Queremos ver este povo mais sadio, em melhores condições para construir a nação pioneira do mundo da fraternidade. E todos podem colaborar, por meio do pensamento, da educação, da cultura, do trabalho e da renúncia."

Referências Bibliográficas

A *Bíblia de Jerusalém*, nova edição revista e ampliada. Paulus, São Paulo, 2002. As abreviaturas utilizadas nas citações seguem às propostas na mesma obra.

Sucessos
Editora Vida & Consciência

Amadeu Ribeiro

A visita da verdade
Juntos na eternidade
O amor não tem limites
O amor nunca diz adeus
O preço da conquista

Reencontros
Segredos que a vida oculta vol.1
A beleza e seus mistérios vol.2
Amores escondidos vol. 3

Amarilis de Oliveira

Além da razão (pelo espírito Maria Amélia)
Nem tudo que reluz é ouro (pelo espírito Carlos Augusto dos Anjos)

Ana Cristina Vargas
pelos espíritos Layla e José Antônio

A morte é uma farsa
Além das palavras
Almas de Aço
Em busca de uma nova vida
Em tempos de liberdade
Encontrando a paz

Ídolos de barro
Intensa como o mar
Loucuras da alma
O bispo
O quarto crescente
Sinfonia da alma

André Ariel

Além do proibido
Em um mar de emoções
Eu sou assim
Surpresas da vida

Carlos Henrique de Oliveira

Ninguém foge da vida
Tudo é possível

Carlos Torres
A mão amiga
Querido Joseph (pelos espírito Jon)
Uma razão para viver

Cristina Cimminiello
O segredo do anjo de pedra

Eduardo França
A escolha
A força do perdão
Do fundo do coração
Enfim, a felicidade
Vestindo a verdade
Vidas entrelaçadas

Evaldo Ribeiro
Aprendendo a receber
Eu creio em mim
O amor abre todas as portas (pelo espírito Maruna Martins)

Floriano Serra
A grande mudança
A outra face
Ninguém tira o que é seu
Nunca é tarde
O mistério do reencontro
Quando menos se espera...

Gilvanize Balbino
De volta pra vida (pelo espírito Saul)
O homem que viveu demais (pelo espítiro Pedro)
O símbolo da vida (pelos espíritos Ferdinando e Bernard)
Horizonte das cotovias (pelo espírito Ferdinando)

Leonardo Rásica
Celeste - no caminho da verdade

Lucimara Gallicia
pelo espírito Moacyr

O que faço de mim?
Sem medo do amanhã

Marcelo Cezar
pelo espírito Marco Aurélio

A última chance
A vida sempre vence
Acorde pra vida!
Coragem para viver
Ela só queria casar...
Levante seu astral
(com Helton Villani)
Medo de amar
Nada é como parece
Nunca estamos sós
O amor é para os fortes
O preço da paz
O próximo passo
O que importa é o amor
Para sempre comigo
Só Deus sabe
Treze almas
Tudo tem um porquê
Um sopro de ternura
Você faz o amanhã

Maura de Albanesi
pelo espírito Joseph

O guardião do Sétimo Portal
Coleção Tô a fim

Meire Campezzi Marques
pelo espírito Thomas

A felicidade é uma escolha
Cada um é o que é

Rose Elizabeth Mello

Como esquecer
Desafiando o destino
Os amores de uma vida
Verdadeiros Laços

Sérgio Chimatti
pelo espírito Anele

Apesar de parecer... Ele não está só
Ecos do passado
Lado a lado
Os protegidos
Um amor de quatro patas

Zibia Gasparetto
pelo espírito Lucius

A verdade de cada um
A vida sabe o que faz
Ela confiou na vida
Entre o amor e a guerra
Esmeralda
Espinhos do tempo
Laços eternos
Nada é por acaso
Ninguém é de ninguém
O advogado de Deus
O amanhã a Deus pertence
O amor venceu
O encontro inesperado
O fio do destino
O poder da escolha
O matuto
O morro das ilusões
Onde está Teresa?
Pelas portas do coração
Quando a vida escolhe
Quando chega a hora
Quando é preciso voltar
Se abrindo pra vida
Sem medo de viver
Só o amor consegue
Somos todos inocentes
Tudo tem seu preço
Tudo valeu a pena
Um amor de verdade
Vencendo o passado

Conheça mais sobre espiritualidade com outros sucessos.

 vidaeconsciencia.com.br   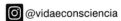 /vidaeconsciencia   @vidaeconsciencia

Rua Agostinho Gomes, 2.312 — SP
55 11 3577-3200

contato@vidaeconsciencia.com.br
www.vidaeconsciencia.com.br